브랜드는
변해도
마케터는
남는다

브랜드는 변해도 마케터는 남는다

맹명관 지음

나비의 활주로

"40개의 바다와 40개의 바람으로… 브랜드는 변해도 마케터는 남는다"

40여 년간 마케팅이라는 무거운 화두를 짊어지고 여기까지 왔다. 누가 계획한 것도 아닌데 그저 짝사랑을 해서 지난하게 여기까지… 세월의 나이테를 헤집어보니 내가 모르는 진실, 내가 알아야 할 지식이 현란하게 그려져 있다.

그 긴 세월의 사유는 어떤 결과물을 쌓아왔을까? 문제는 과거에서 현재 또 미래까지 관통한 물줄기의 정체다…. 기술이었을까? 아니면 혁신의 산출물이었을까?

56권의 저서를 집필하면서 자꾸 머리를 스쳐 가는

것은 냉철한 시각과 다른 관점으로 들여다보지 않으면 타의에 의해 퇴출당한다는 사실이다.

과거를 모르면 현재의 위치를 잃어버리고 언감생심(焉敢生心) 미래는 저만치 가 있을 것이다. 코로나 19 이후 너무 많은 것이 바뀌었다. 전쟁은 현실적인 문제를 심각하게 하나둘 투하하고, 변형된 기후나 한 번도 경험해 보지 않은 혁신은 감당 못 할 정도로 혼돈의 세계로 이끈다.

이 책의 핵심은 아카이브archive이다. 그러나 단지 기록에 머물지 않는다. 마케팅에서 급작스럽게 변하는 요소들을 보다 명확하게 하고 그 대응도 나름 피력해 본다.

시장을 읽는 눈, 사람을 이해하는 감각, 세대를 통찰하는 언어를 홀로 남은 마케터는 안다. 이제 더 이상 세상을 움직이는 산 같은 브랜드는 없다고 본다. 소비자는 잃어버린 영토를 되찾으려는 듯 본인들의 청구서를 자꾸 내밀지만 그들도 이미 기업과 공동설계자가 되어 있다.

1, 2장을 쓰면서 필자가 느끼는 것은 결코 영원한 것은 없다는 사실….

『좋은 기업을 넘어 위대한 기업으로Good to Great』(2001)의 저자 짐 콜린스Jim Collins는 이 책을 저술할 시기만 해도 현실적 낙관론자였다고나 할까?

그의 후속 반성문은 바로『위대한 기업은 다 어디로 갔을까How the Might Fall』(2009)였다. 왜 그들은 '위대함'을 유지하지 못했을까?

웬만하면 생각을 뒤집기도 하고 역주행하면서 이 '위대함'의 화두를 놓치지 않았다. 과거를 백안시白眼視하는 요즘 젊은이들에게 우리가 겪었던 과거의 잔재는 현재를 설계하는 데 자원으로 쓰이고 있다는 사실을 강조하고 싶었다. 미래는 이들의 선순환 끝에 만들어진다는 어렵게 찾은 교훈….

이번 저서는 집필의 방법을 바꿨다.『스타벅스의 미래』집필 시 만년필로 꾹꾹 눌러 썼던 방식을 워드로 바꾸었듯이 이번에는 똑똑한 협조자 챗 군을 채용했다.

그는 이미 '나'라는 인간이 얼마나 집요하며, 똑똑한 척하는 약간의 위선끼(?)가 있는지를 간파했다. 그래도 그는 성실하게 답했으며 투정 한번 부리지 않았다. 사실 그는 내게 어떻게 하든지 좋은 지식을 제공하려고 고군분투孤軍奮鬪했다. 의심 많은 내게 인내력 있게 대응할뿐더러 선택지마저 돌려주었다.

3장의 내가 걸어온 길, 살아온 궤적은 아마 재생되지는 않을 것 같다. 앞으로 그럴 의도도 없지만 그럴 힘도 남아 있지 않다.

40여 년간 어쭙잖은 내 강의에 참여한 수강생, 그리고 내 저서를 읽어준 독자에게 감사의 말씀을 드리고 싶다. 특히 부족한 스승을 위해 이해하고 격려해준 '맹마회' 멤버와 '맹명관마케팅아카데미 최고위과정' 원우들, '맹사부마케팅 서당' 제자들, 차마 이 지면에 채우지 못한 나의 가족과 지인들 모두에게 마음을 다해 고마움을 보낸다.

2025년 가을 초입에 용인 서재에서

CONTENTS

CHAPTER 1
일단, 마이너리티 minority 리포트

일단,
마이너리티 minority
리포트

2002년 개봉한 톰 크루즈 주연, 스티븐 스필버그 감독의 영화 <마이너리티 리포트(minority Report)>는 '기술이 인간의 자유와 윤리를 어디까지 대신할 수 있는가?'를 묻는 철학적 작품이었다. 이렇게 파격적인 상상력으로 미래를 그린 영화는 일찍이 없었던 것 같다.

그런데 왜 그들은 소수(minority)라는 단어를 사용했을까? 다수만이 선이라는 세상 논리에 반기를 든 것은 아닐까? 40년 경력의 마케팅 스페셜리스트로서 일단 소수의 개념으로 마케팅 개념의 성찰을 푼다. majority의 첫 문이 될 것이라는 희망으로….

치외법권,
전산실이 사라졌다

혁신을 뒤늦게 살펴보면 사라진 것과 남아 있는 것을 발견하게 된다. 사라진 것의 존재를 현재의 관점에서 보면 쓴웃음을 짓게 하지만 그래도 그런 경과를 거쳐 오늘날의 혁명 같은 결과가 만들어진 게 아닐까?

80년대 첫 직장에서 기억나는 것은 전산실電算室이라는 큰 조직이다. 그 방에는 특수요원 같은 직원들이 근무했고 회사의 모든 기밀은 그곳에서 양산하는 듯 보였다. 회사 내 떠도는 소문에 의하면, 그곳 직원은 거의 특채이고 특별대우를 받는다고 했다. 가끔 열린 문에서 드르륵 하는 프린터

   브랜드는 변해도 마케터는 남는다

기 돌아가는 소리가 들렸고 영업부 경영진이나 임원들이 심각한 표정으로 회의를 하는 모습도 보이곤 했다.

간혹 우리 부서(기획실)에서 필요한 자료가 있으면 업무요청서를 제출하여 전산실이 처리해서 결과를 알려주었는데 이런 프로세스가 그들의 위상을 한껏 높여주었다.

종종 거대한 기종이 바뀔 때는 마치 대형차 한 대가 들어오듯 창문을 개방하고 여러 이삿짐 요원을 총동원하는 등 온통 호들갑을 떨었다.

물론 IT 발전과정으로 보면 중앙집중형의 한 과정으로 보안성과 안정성이나 중앙관리가 용이했지만 유연성이나 처리속도는 느린 것으로 평가된다. 결국 보고서나 분석자료를 얻기까지 오랜 시간이 걸렸고 의사결정의 실시간 반영에도 어려움이 있었다.

전산실 시대에는 경영정보시스템MIS이 도입되어 회계, 급여, 재고관리 등 주로 반복적이고 대량으로 처리될 업무가 진행되었는데, 이 시절 누런 월급봉투가 사라지고 전산 봉투에 찍힌 내역을 성적표처럼 받아보기도 했다.

나의 업무 중 하나는 신조어에 해당하는 직업인 프로그래머나 오퍼레이터를 상대하는 일이었다. 그러나 이들의 요새화된 전산실은 서서히 시대적 개방에 저항 한 번 없이 자리를 내주었다. 개인이 책상 위에서 직접 사용할 수 있는 소위 '퍼스널 컴퓨터'가 등장했기 때문이다. 이는 후에 파괴적 혁신이라는 하나의 사례가 되었다. 마이크로프로세서(일종의 컴퓨터 두뇌 역할)와 반도체 기술발전으로 작고 저렴한 컴퓨터가 전산실과 그 요원을 밀어냈다. 1977년 애플 II, 1981년 IBM PC가 등장했고 분산형, 개인화가 이뤄지면서 누구나 손쉽게 컴퓨터를 직접 사용하게 되었다.

사무직, 연구자, 심지어 가정까지 확산된 이 변화는 당시 누구도 상상할 수 없는 변화였다. 그 덕에 경영자는 신속하게 분석하고 재무 시뮬레이션을 수행하게 되었으며, 의사결정의 속도와 품질도 놀라울 정도로 개선되었다. 더욱이 마케터가 거대한 데이터를 의뢰하지 않고 스스로 다룰 수 있게 되고 시장조사와 전략을 수립하게 됨으로써 이전에 비해 훨씬 진일보한 일상이 되었다.

생각해 보라! 즉각적으로 데이터를 처리하고 기업 내 부서가 자율성을 보장받으며 맞춤형 분석이나 전략이 가능하다면… 더불어 저비용으로 활용 방도가 늘어난다면 이것은 단순한 기술변화가 아니라 패러다임의 변화라 감히 말할 수 있다.

이 시대에 퍼스널컴퓨터를 주도한 기업을 보면 혁신이라는 카테고리에서 어떻게 기업이 포지셔닝해야 하는지 큰 교훈으로 남는다.

먼저 전산실 시대의 절대강자는 IBM이었다. 당시 '기업전산실=IBM기계'라는 공식이 있었다.

이들도 쓰나미 같은 혁신에 대응하려고 하였다. 그러나 자체적인 기술보다는 타사에 의존하는, 한마디로 쉬운 전략을 택하였다. 이를테면 운영체제OS는 마이크로 소프트에, 칩은 인텔에 의존하는 방식이었다. 이 전략은 초기에 성공한 듯 보였지만 장기적으로는 MS와 인텔이 성장함으로 그 영향력을 상실해 갔다. 이는 중앙집중형 시대의 강자가 분산형 시대에는 기회를 상실한다는 교훈을 주었다.

기존 기업에 비해 애플은 전산실의 기업고객 중심의 시대에도 '개인'을 겨냥하였다. 이들은 애플 II(1977)와 매킨토시(1984) 등으로 사용자 친화적 인터페이스와 그래픽환경을 강조하였다. 애플은 전문가가 쓰는 컴퓨터에서 개인이 창의적으로 활용하는 도구로 PC를 새롭게 정의하였다. 이들은 교육, 디자인, 출판 분야에서 명성을 떨쳤다. 마지막으로 마이크로소프트는 소프트웨어의 제국답게 큰 방향을 잡아갔다. MS-DOS, 윈도우로 IT 중심 기업으로 부상했다. 결국 IBM PC가 표준이 되면서 마이크로소프트는 사실상 모든 PC의 운영체계를 가져갔다.

이는 하드웨어 중심의 패러다임이 무너지고, SW와 플랫폼이 새로운 권력이 될 것이라는 놀라운 예측이었다. 이런 변화는 IT 민주화를 불러일으켜 벤처 붐과 산업생태계 확대로 이어졌다. 물론 실리콘밸리의 성장도 주목할 사안이었다.

전산실의 붕괴, 전문 직종의 대중화 등은, 2025년에 아직도 현역으로 남아있는 내 기억에 역사의 현장처럼 생생히 살아 있다.

프리첼을 아십니까?

프리첼Feechal은 한때 대한민국 대표 온라인커뮤니티, 말하자면 SNS플랫폼이었다.

2008년 발간한 필자의 책『생존경쟁력』에는 '세계 최대 커뮤니티 포털'로 프리첼의 흥망사가 상세히 기술되어 있다. (2002년 하루 방문자 수가 싸이월드의 6배인 180만 명이었다.)

누구나 쉽게 개설할 수 있는 클럽 기능(커뮤니티), 즉 동호회와 팬클럽, 스터디그룹 등이 활발하게 운영되었으며 초기에 일촌이라는 친구 개념과 사진첩, 게시판, 채팅방 등 지금의 SNS 기능을 제공하기도 하였다.

이런 기능으로 말미암아 프리첼은 2000년대 초반 회원 수가 1,000만 명을 상회하였다. 그러나 악마의 시샘이었을까? 2002년 10월 회사의 운명을 가를 위험한 도전을 감행했다. 110만 개에 이르던 커뮤니티 주인들에게 '사용료를 내든지 아니면 방을 빼라는' 최후통첩을 하였으며 홈페이지에 쌓인 '추억(글과 사진)'을 담보로 매달 3,000원의 월세를 받겠다고 천명하였다.

당시 프리첼의 선언은 경쟁자였던 싸이월드, 네이버카페, 다음 카페 등 포털업체에 있어 주요 관심사였으며, 소비자 반응에 따라 업계의 주요 판매 전략으로 진입할 수도 있는 단계였다. 프리첼의 유료화 결과가 벤치마킹의 기준이 될 수도 있기 때문이다.

프리첼의 유료화 목표는 커뮤니티 등 핵심서비스를 적극적인 수익모델로 전환하여 서비스의 질을 높이겠다는 선순환구조의 형성이었다. 아울러 1,000만 명 유저 가운데 커뮤니티 마스터, 운영자를 타깃으로 정했고, 매월 3,000원으로 무려 110만 명의 마스터들은 이전보다 더 강력한 커뮤니티 운영과 권한을 원할 것이라 파악했으며, 인터넷 커뮤니티의 주 사용층인 10대 후반에서 20대 초반의 청소년들이 큰 문제 삼지 않을 것이라 자신했다.

결론적으로 이는 안일한 시각이었으며 이런 시도는 치명적인 패착이었다. 서비스 유료화는 이용자의 대거 이탈로 나타났으며 고객들은 경쟁 플랫폼으로 갈아타기 시작했다. 문제는 프리첼의 콘텐츠가 독자적이지 않았다는 사실이다. 다른 곳에서도 이용할 수 있는 콘텐츠를 유료화한 전략은 섣부른 판단과 분석의 결과임이 드러났다. 여기에 '돈 내기 싫으면 나가라'는 비감성적인 접근과 주 수입원인 광고를 제한한 것도 두고두고 실패 요인으로 곱씹어야 할 사안이다.

프리첼은 이후에도 싸이월드처럼 여러 번 모바일 서비스나 리뉴얼 등으로 부활을 시도했지만 한번 돌아선 고객의 마음을 돌리기엔 역부족이었다. 일부 충성도 있는 소수 이용자층이 남아있는 것과 레트로 열풍에 기대하는 측면이 있지만 '추억의 플랫폼'으로 남을 공산이 매우 크다.

안타까운 점도 있다. 만약 페이스북처럼 프리첼이 무로 개방형 구조로 사용자 기반을 확보하고 지역적, 폐쇄적 한계를 넘어 네트워크 효과를 극대화하였다면 어떤 결과를 만들어낼 수 있었을까? 나아가 2007년 아이폰 출시 직후 모바일 앱을 선제적으로 출시했다면 글로벌 확장의 목표는 어떻게 달성할 수 있었을까? 싸이월드 도토리처럼 프리첼이 가상화폐를 운영했다면 지금의 인앱결제 시스템(글로벌 크레딧)의 선구자가 되지 않았을까?

한 번 더 상상한다면 2000년대 한류드라마나 K-POP과 함께 확산되어 글로벌 시장으로 나갔다면 오늘날 페이스북을 꺾을 K-SNS로 자리 잡지 않았을까?

프리챌의 경우를 보며 위기에 처했을 때 기업은 명확한 방향을 설정하거나 본업을 재검토하고 변신을 시동할 역량 및 미래에 대한 예측과 준비를 갖추어야 한다는 뼈저린 교훈을 배운다.

아!! 프리챌이여~

IBM의 까마귀 둥지 Crow's Nest 를 통해 우리는 무엇을 보았는가?

IBM은 20세기 중반까지 세계 컴퓨터 산업의 제왕이었으며 1970년대에서 80년대까지 한국의 대기업과 금융권의 전산화는 IBM 메인프레임에 의존할 정도로 그 영향력과 지배력은 어마어마했다. 기업의 핵심 데이터와 업무 프로세스가 모두 IBM 하드웨어와 소프트웨어에 종속되면서 전산실=IBM이라는 등식이 설립되기도 하였다.

이런 상황은 IBM의 안정성 추구와 보수적인 운영, 그리고 독점적 생태계를 가능케 했다. 하지만 IBM은 외부와 단절된 거대한 울타리라는 암초를 만나게 되었다.

1990년 개인용 컴퓨터PC, 유닉스서버(고성능)와 인터넷이 확산되면서 IBM의 폐쇄성은 날로 강화되었으며 혹자는 이를 'IBM의 까마귀 둥지'라 명명하였다. 이 둥지를 새 둥지로 바꾼 혁신적 CEO가 루 거스너Louis V. Gerstner, Jr. 였다.

그는 IBM 역사상 처음으로 외부에서 영입된 경영자였다. 그가 취임하기 전 IBM은 적자가 누적된 상태였고 구조도 비효율적이었다. 문제는 사업 포트폴리오가 지나치게 하드웨어 중심이었고 시장 변화(PC, 네트워크, 소프트웨어 중심)에 따른 대응은 늦었다. 루 거스너는 취임 후 기존의 까마귀 둥지를 바꿀 몇 가지 특단의 조치를 취했다.

가장 먼저 한 것은 조직 개편이었다. 여러 사업부가 개별적으로 운영되던 IBM을 통합적인 솔루션 제공자로 변화시켰다. 아울러 기업 중심의 경영에서 고객 중심으로 관점을 이동하였다. "나는 고객이다I am the customer."라는 관점으로 제품 개발, 마케팅 모두 고객 욕구 중심으로 과감히 전환하였다.

혁신적인 전략은 여기에 그치지 않았다. 비효율적인 사업을 정리하고 비용 절감 및 자원에 대해 집중 투자하였다.

아울러 하드웨어 중심에서 점차 소프트웨어, 서비스, 솔루션 중심으로 무게 중심을 이동하였다. 문제는 폐쇄적이고 관료적인 조직문화를 바꾸려고 하는 시도에 대한 직원들의 저항이었지만 그는 굴하지 않고 회사 전체의 분위기를 바꾸는 데 일절 양보하지 않았다.

그 결과, 취임 1년 만에 적자 경영에서 흑자로 돌아섰으며 IBM의 주가와 시장 지위가 회복되었으며 기업문화에도 변화가 감지되었다.

이를테면 직원들의 인식 변화와 고객 중심의 사고가 확산되었다. 조직문화의 변화는 제도적인 것이 아니라 사람, 문화, 가치관의 변화가 병행되어야 한다는 것을 사례로 입증해 주었다.

여기에 거대한 조직적 관성과 기술 종속의 함정을 경고하는 은유의 '까마귀 둥지'가 이후 하늘을 높이 나는 까마귀처럼 외부환경 변화를 감지하는 척후병 역할을 맡는 부서로 오늘날 IBM에 남게 된 것은 어쩌면 놀랍고도 아이러니한 일이다.

IBM의 '까마귀 둥지' 부서원들은 회사 밖에서 고객, 시장, 경쟁사의 움직임을 면밀히 살피고 생존에 필요한 정보를 샅샅이 탐색해 경영진에 보고한다고 한다.

수많은 변수에 처해있는 오늘날 우리 기업에 '까마귀 둥지'는 존재하고 있는가? 미래를 내다보고 신사업을 위한 조직은 존재하는가?

이 질문의 답을 구하려면 거스너의 저서『코끼리를 춤추게 하라Who Say Elephants Cant's Dance?』를 다시 꺼내 읽어 보라.

'디지털'이란 단어 하나가 몰고 온 거대한 변화를 기억하여 설계하다

1) 1950~1960년대에 트랜지스터와 집적회로IC가 발명되어 컴퓨터가 소형화되고 고속화되었다. IBM과 DEC(98년도에 컴팩에 인수) 등이 메인프레임과 미니컴퓨터를 보급하였으며 이 시기에 기업과 정부를 중심으로 디지털 시스템이 자리를 잡았다.

2) 드디어 1970~1980년에 개인컴퓨터가 기업에서 개인 책상으로 올라왔다. 우린 이를 'PC 혁명'이라 하는데 애플과 IBM PC가 대세를 이루었다.

3) 1990년 WWW(월드와이드웹)이 공개되고 인터넷이 상용화되었다. 이메일, 검색

엔진, 온라인 쇼핑몰, 소셜네트워크가 본격화되며 통신, 미디어, 상거래를 통합시키는 정보 혁명이 시작되었다.

4) 2007년 아이폰은 PC 중심에서 모바일 중심으로 전환하는 기폭제가 되어주었다.

앱스토어, SNS, 스트리밍서비스가 폭발적으로 성장하여 디지털은 '언제 어디서나 연결된 일상'이 되었다.

5) 2010년대 이후 디지털은 과거에 상상할 수 없는 빅데이터, 클라우드, AI, IOT가 결합되어 새로운 디지털 전환Digital Transformation을 가속화했다. 여기에 생성형AI(ChatGPT 등)가 또 한 번 이 폭발적인 혁신을 주도했다. 이제 디지털은 단순한 도구가 아니라 사회, 경제, 문화, 전체를 재편하는 인프라가 되었다.

6) 결국 미래는 디지털 문명으로 갈 것이며 확장현실XR 등 인간 경험 자체가 디지털화될 것이다. 향후 아날로그와 디지털의 경계는 완전히 사라질 것이다.

1)에서 6)까지 살펴본 디지털의 끊임없는 변화는 우리에게 어떤 구조적인 영향을 미쳤을까?

먼저 산업 간의 경계가 무너졌다는 것은 충격적이다. 구글이나 애플 같은 IT 기업이 전통 기업을 흡수하거나 IT, 통신,

미디어, 유통, 금융이 융합되는 현상은 눈여겨볼 사안이다.

이 밖에 '데이터가 곧 자원'인 데이터 중심의 경제나 핀테크, 블록체인 등 탈중앙화는 디지털이 몰고 온 대표적인 현상이다. 그렇다면 개인에게는 어떤 영향을 끼쳤는가?

코로나19 이후 디지털 전환이 폭발적으로 일어남과 동시에 재택, 원격근무가 일상화되었다. 또한 단순 반복업무는 AI가, 창의적이고 전략적인 업무는 인간이 분장하게 된다.

플랫폼 기반의 프리랜서 등장도 변화의 하나이다. (임시, 단기 계약의 긱노동자 등장)

자, 여기서 콕 집어 소비자의 생활양식은 어떤 변화를 가져왔는지 살펴보자. 소비자는 오프라인 매장에도 들르기도 하며 온라인 몰과 모바일 앱을 하나로 연결한다. (옴니채널) 이뿐일까? 소유 대신 넷플릭스처럼 일정액만 지불하는 구독경제로 돌입한다.

이는 디지털 기술의 발달로 콘텐츠의 양이 폭발적으로 증가하고 있다는 것으로 접근 방식이 다양해졌다는 또 하나의 방증이다. 게다가 AI 추천이나 빅데이터 분석으로 개인별 맞춤 서비스가 일상화된 것은 두드러진 라이프스타일이다.

우리가 놀라고 세계가 놀라는 케데헌(케이팝 데몬 헌터스)의 파급력은 한마디로 문화콘텐츠의 글로벌화를 의미한다.

    브랜드는 변해도 마케터는 남는다

디지털은 과거 상상에 머물던 영역을 현재와 미래 우리 삶의 영역으로 가져와 주었다. 그렇다면 마케팅에 있어 디지털 시대에 어떤 설계를 하여야 하나?

첫째, 고객 접점의 확장과 재설계이다.

과거에는 TV, 라디오, 오프라인 매장이 주요 접점이었다면 지금은 SNS나 모바일앱, 메타버스, 온라인 커뮤니티까지 고객 접점을 무한 확장해야 한다. 왜 고객과 연결하는 통로를 채널이라 하는지 곱씹어 봐야 한다. 마케터는 고객의 터치포인트를 연결해 일관된 브랜드 경험과 묶어주는 전략을 고심해야 한다는 것도 아울러 일러둔다.

둘째, 데이터 기반의 마케팅 패러다임을 전환해야 한다.

일례로 스타벅스는 전 세계적으로 커피문화를 선도하는 브랜드로 매장별 일일결산 데이터분석을 통해 지속적인 성장과 경쟁력을 유지하고 있다. 여기서 매장별 매출 비교 전략은 단순히 판매액만을 측정하는 것이 아니라 각 매장의 특성과 고객 행동을 종합적으로 분석한다.

이렇듯 예전에는 '감感'과 '경험'으로 기획했다면 지금은 데이터와 알고리즘으로 고객의 행동을 예측하는 시대에 와있으며 마케터는 스토리텔러이자 데이터 분석가로 역할을 재정립해야 한다.

또 하나 디지털은 브랜드를 하나의 생태계나 커뮤니티로 변모시켰다. 더불어 고객은 더 이상 수동적인 존재가 아니며 적극적으로 참여하는 팬덤의 모습으로 영향력을 발휘한다. 디지털의 특징인 초개인화 시대에는 넷플릭스 추천, 아마존 개인화 제안처럼 1:1 맞춤형 마케팅을 현실화하며 고객의 필요를 넘어 기대를 예측하고 선제적으로 충족시켜야 한다.

이를테면 넷플릭스는 고객이 시청하거나 '좋아요'를 누른 작품을 분석해 고객의 취향에 맞는 새로운 작품을 추천하고 개개인의 프로필을 만들어 자신이 원하는 콘텐츠를 쉽게 발견하게 한다. 아울러 아마존은 고객의 구매 이력을 기반으로 관련 제품을 추천하는데 이는 고객의 추가 구매를 유도하고 쇼핑 경험을 즐겁게 유도한다.

마지막으로 강조하는 것은 디지털이 몰고 온 거대한 변화 속에서 마케터는 단순히 메시지를 전달하는 전문가가 아니라 고객 경험 전체를 그릴 수 있는 '전략적 설계자'라는 현실을 강조해 두고 싶다. 디지털을 단순한 광고 채널로 인식하던 1990년대를 회상하면 금석지감今昔之感이 든다.

   브랜드는 변해도 마케터는 남는다

코닥과 노키아의 파산을 몰고 온 두 보고서의 결말

노키아의 긴급 보고서, 경영진 서랍에 남다

노키아에는 스마트폰과 관련하여 경고했던 각종 전략보고서가 있었다. 이를 연대별로 분류해 보면 다음과 같다.

2004~2006년에 내부 R&D전략 부서에서는 이미 "휴대폰은 단순한 통화수단에서 인터넷, 멀티미디어 기기로 전환할 것"이라는 충격적인 분석을 내놓았다. 보고서에는 "터치스크린, UI, 앱스토어와 같은 생태계 구축이 핵심 경쟁력"이라고 결론을 내렸다. 그러나 경영진들은 위험성을 과소평가했다. 경영자가 기업의 운명을 좌우할 만한

환경 변화가 있었음에도 이를 감지하지 못하고 과소평가한 소위 '문제에 대한 과소평가 오류'가 작동한 것으로 여겨진다.

2007년 아이폰 등장 이후에도 문제를 왜곡되게 하는 선택적 지각 오류는 심각한 수준에 이른다. 당시 긴급 보고서에는 "노키아의 심비안 OS는 직관적이지 않고 개발자 친화적이지 않다."라는 경고메시지와 더불어 "애플의 UX(사용자경험) 혁신은 위협적"이라고 거듭 강조했다. 그러나 최고 경영진은 노키아의 브랜드 파워와 시장점유율은 흔들리지 않는다며 과감한 전환을 거부했다.

2006~2010년에는 안드로이드가 빠르게 성장 중이며 노키아가 앱 생태계 확보에 실패할 경우 2~3년 내 시장을 상실할 것을 명확하게 지적해 주었으나 부서 간 갈등, 리더십 불일치 등 이미 이런 지적은 무색하게 되었다.

노키아의 마지막 파산을 앞두고 2011년 CEO 스티브 엘롭Stephen Elop의 '불타는 플랫폼 메모'는 당시 노키아의 긴급한 상황을 여실히 보여주고 있다.

"노키아는 기름 유출 사고로 불타는 플랫폼 위에 선 사람과 같다. 지금 바다로 뛰어들지 않으면 모두 죽는다."

코닥, 애써 무시한 한 장의 보고서

1990년대 코닥은 일회용 카메라를 연간 1억 대 이상 팔았다. 코닥 설립자는 "버튼만 누르세요. 나머지는 우리가 다 할 테니."라며 고객을 적극적으로 유인하였다.

2000년 필름 시장이 큰 폭으로 하락할 때까지 코닥은 독점적 기업으로 승승장구했다. 이때 코닥 경영진은 '영원한 시장과 영원한 기술은 없다'는 생각에 무엇이든 밀어붙였다. 그런데 뜻밖에도 1975년 코닥은 필름카메라를 대체할 디지털카메라를 개발했다. 스티브세슨이라는 직원이 엄청난 혁신의 전조등을 켰지만 그 스스로도 알지 못하고 다음과 같은 넋두리를 남겼다.

"내가 이 일을 하고 있다는 사실을 아는 이는 별로 없었습니다. 왜냐하면 이것은 그렇게 큰 프로젝트가 아니기 때문입니다."

내부보고서조차 "이 기술은 필름 사업을 잠식할 수 있다."라는 경고와 함께 묵살하였다. 또한 1990년에 "2010년 전후 필름 수요가 급락할 것"이라는 전망보고서조차 경영진은 백안시했다.

경영진의 의도가 담긴 코닥의 최종보고서는 이렇게 마무리하고 있다.

"첫째, 모든 것이 디지털화될 수 없다. 둘째, 디지털카메라는 사진 필름의 해상도를 따라갈 수 없다. 셋째, 사진 필름에는 30년의 세월이 남았다. 마지막으로 눈앞에 수익성이 높은 사업이 있을 때 쓸데없는 짓을 하면 안 된다."

과연 이 보고서들의 내용대로 시장은 흘러갔을까? 1999년 코닥은 정점을 찍고 급하락하여 2012년 파산하게 된다.

가상이지만 만일 코닥이 일찌감치 자체 개발한 디지털카메라에 전념했거나 미래시장보고서에 눈을 돌렸다면 어떤 결과가 나왔을까? 결론적으로 말해 코닥과 노키아는 실행의 타이밍을 오판하거나 놓친 것이다.

코닥은 뒤늦게 "We are digital company."라는 슬로건을 내세웠지만 회생에는 역부족이었다. 경영학자 피터 드러커의 "기업은 10분 뒤와 10년 뒤를 동시에 생각하라."라는 경구를 떠올리며 두 회사의 보고서가 매우 시사적이라는 생각을 지울 수 없다.

   브랜드는 변해도 마케터는 남는다

혁신의 전조등
상상의 SF를 켜라

가만히 생각해보면 혁신과 SFScience Fiction
는 서로 긴밀한 관계처럼 보인다.

2002년 명장 스티븐 스필버그 감독의 영
화 〈마이너리티 리포트〉는 우리에게 혁신
의 연관성에 대해 시사하는 바가 크다.

특히 범죄가 일어나기 전 범행을 저지를
사람, 시간, 장소까지 최첨단 치안 시스템
으로 알아낸다는 발상은 공상의 범주를 뛰
어넘는다는 느낌을 강하게 준다.

더불어 영화 속 2054년은 사람들을 개별
인식하여 광고부터 위치까지 개인의 모든
것을 기계가 알게 하는데 20년 전 영화임에

도 불구하고 현재의 우리 모습과 흡사한 부분이 많다. 이 영화는 최첨단 데이터 분석으로 설명될 수 있다.

아울러 금융계에서 상용화되고 있는 홍채 인식 기술의 묘사와 사람의 생각을 상상으로 전송하고 파일로 저장하는 장면은 시간을 거슬러 올라가면 한 편의 공상 영화로는 아쉬운 측면이 있다.

실제로 많은 혁신은 앞서 거론한대로 SF 상상력이 제시하고 과학기술이 뒤따라 구현하는 패턴으로 이어져 왔다. 그렇다면 SF가 제시한 미래가 혁신의 설계도로 유용되었던 사례는 무엇인지 살펴보자.

1) 프랑스 작가 쥘 베른의 『해저 2만리』에는 신예 잠수함 노틸러스호가 등장한다. 이 소설을 통해 잠수함 개념이 현실화되었다.

2) 물리학, 수학 학사이자 영미 SF 문학계의 3대 거장인 아서 C. 클라크의 위성 통신 아이디어는 후에 인공위성 통신기술로 구현되었다.

3) 우리가 잘 아는 영화 〈스타트렉〉에 나오는 커뮤니케이터는 현대의 스마트폰으로 진일보되었다.

4) 영화 〈제5원소〉의 주인공 브루스 윌리스도 하늘을 나는

   브랜드는 변해도 마케터는 남는다

택시의 운전기사였으며 화면 분할 벽걸이 TV, 홀로그램과 3D 영화, 구글 글래스를 연상시키는 웨어러블도 이미 영화에 소품으로 등장한 바 있다.

5) 리들리 스콧의 〈블레이드 러너〉에는 이미 빅데이터로 도시를 관리하는 스마트시티가 등장한다.

그렇다면 혁신가들은 SF에서 어떤 영감을 얻을까?

일론 머스크는 〈아이언맨〉과 아서 C. 클라크의 작품에서 '스페이스 X'와 '테슬라'의 비전을 구상했고, 아마존의 제프 베조스는 〈스타트렉〉의 광팬이었는데 후에 인공지능 플랫폼 '알렉사'와 우주탐사 기업인 '블루오리진' 구상에 큰 영향을 받았다고 한다.

메타버스라는 용어도 SF 작가인 닐 스티븐슨이 1992년 발표한 『스노 크래시』라는 소설에 처음으로 등장하였는데 오늘날 페이스북을 메타로 바꾼 마크 저커버그에 지대한 영향을 주었다.

이렇듯 SF적 상상과 혁신의 공통점은 둘 다 현실의 가능성을 탐구하고, '만약에What if'라는 질문에서 출발한다는 것이다.

굳이 차이점을 찾는다면 SF는 문학적 서사로, 혁신은 실행

가능한 기술이나 비즈니스 모델로 나타난다는 점이다. 이를 부연하여 설명하자면 SF는 고객이 아직 말하지 않은 욕망을 먼저 보여주는 무대라면, 혁신은 그 욕망을 시장에 맞게 실현하는 과정이라 말할 수 있다. 따라서 오늘날의 마케터는 SF적 상상력과 현실적 실행을 연결하는 설계자로 재해석할 수 있다. 혁신 없는 SF는 공상에 머물 것이고 SF 없는 혁신은 상상력이 부족할 것이라 여긴다면 이 둘의 관계를 미래를 앞당기는 쌍두마차로 설정해도 지나침이 없을 것 같다.

왜 사람들은
따듯한 이야기에
마음을 열까?

스토리텔링 마케팅은 브랜드의 가치와 철학을 감성적으로 전달해 소비자와의 깊은 연결을 만드는 전략이다. 사람은 데이터보다 이야기에 더 반응하기에 신화, 동화, 드라마와 같은 것들이 오래 기억되고 감정 자극에 유효하다.

고객은 브랜드가 스토리로 다가올 때 상품이 아니라 의미를 소비한다고 인식하기 때문이다. 여기서 스토리텔링의 주 무기는 차별화이다. 따라서 브랜드의 가치와 철학을 심는 일이 무엇보다 중요하다.

흔히 고객에 대한 대의大義는 일반적인

선이나 환경, 평화, 공존, 평등, 인권 등이다.

예를 들어 스타벅스의 공정무역이나 MS의 제3세계 문맹 퇴치가 그것이다. 여기에 기업과 브랜드의 고유한 이념을 체계화하면 그 효과는 상승한다. 예를 들면 환경을 생각하는 파타고니아는 스토리텔링의 대표적 브랜드이다. 그들의 슬로건은 "We're in business to save our home planet(우리는 지구를 구하기 위해 사업한다)."로 매출의 1%를 환경 단체에 기부하고 '지구를 위한 1%1% for the Planet'로 브랜드 철학을 스토리로 확산하였다.

그들은 블랙프라이데이에 "Don't Buy This Jacket(이 재킷을 사지 마세요)."라는 광고를 집행하여 주의를 끌었으며 결과적으로 브랜드 철학에 공감한 고객이 파타고니아 제품을 더욱 충성스럽게 구매하는 동기가 되어 주었다.

아울러 '가장 환경친화적인 옷은 새로 사지 않는 옷'이라는 메시지를 전달하기 위해 'Worn Wear' 프로그램을 운영하였는데, 이는 낡은 파타고니아 제품을 수선해 쓰도록 장려하는 파타고니아만이 할 수 있는 유니크한 접근 전략이었다. 그렇다면 파타고니아의 전략 구조는 무엇이었을까?

먼저 광고보다 행동으로 철학을 증명해 보인 '진정성'이었다. 또 하나 반전은 소비자를 단순 구매자가 아니라 환경보호

   브랜드는 변해도 마케터는 남는다

운동의 동료로 참여시켰다는 점이다.

놀라운 것은 모든 마케팅과 제품, 캠페인에 핵심 스토리를 일관성 있게 유지하였는데 소위 말하는 내러티브(서사)의 일관성이 유지되었다는 사실이다.

마케팅 스페셜리스트의 관점에서 보면 파타고니아는 제품 스펙만을 팔지 않았다. '환경보호'라는 스토리를 설계해 고객을 그 이야기의 주인공으로 만들었으며, 브랜드 가치의 공감과 실천에 앞장섰다.

필자의 기억으로는 1984년 '우리 강산 푸르게 푸르게'라는 유한킴벌리의 캠페인은 충격적이었다. 당시에는 환경이 주요 관심사가 아니었다.

유한킴벌리는 미국 제지회사 킴벌리 클라크와의 합작 투자로 탄생한 위생용품 제조회사에 불과했다. 그들의 독특한 마케팅 활동이 CSR(Corperate Social Responsability:기업의 사회적 책임) 마케팅과 ESG(Environment Social Governance: 환경/사회/지배구조) 마케팅의 원형이 되었다는 사실이 놀랍다. 그들은 한국의 환경보전을 위해 노력하는 기업으로 38년간 약 54,000그루의 나무를 심었고 최근 산불 피해 지역의 산림 복구와 숲 가꾸기 조성 사업을 추진하고 있다.

역시 일관성 있는 내러티브의 일환으로 황사의 발원지로

지목되는 몽골에 '유한킴벌리 숲'을 조성하고 생리대 기부, 발달장애용 팬티 제공, 마스크 기부 활동을 전개하고 있으며 더불어 병원용, 산업용품 등 다각화를 모색하고 있다.

물론 동물실험을 반대하거나 앞서 언급한 대로 공정한 대가를 지불함에도 원료 공급 국가의 원주민을 위한 학교, 보건 시설, 식수 공급 등 인프라 확보에 자금을 지원하는 등의 기업 행위는 굿컴퍼니로 입소문 날 수 있는 호재가 된다.

조금 지난 얘기이지만 애플의 "세상을 다르게 바라보라Think Different."라는 슬로건은 고객을 영웅으로 만들었으며, 운동화가 아니라 "Just Do It."이라는 도전과 극복의 스토리를 판 나이키나 "여행을 넘어 현지인의 삶을 경험한다."라는 에어비앤비는 단순 숙박 중개를 넘어 새로운 문화적 경험을 전달해 주었다는 점에서 주목할 만하다.

그러면 스토리텔링은 어떤 방법으로 실행할 수 있을까?

우선 창업자 이야기, 가치관, 고객 후기 등을 통해 브랜드만의 내러티브(서사)를 구축하고 유튜브, 블로그, 숏폼, 인터뷰로 고객 스토리를 발굴하여 이를 콘텐츠화한다.

고객이 스스로 경험을 공유하도록 이벤트와 챌린지를 설계하여 각인시키는 것도 효과적인 방법이다.

스토리텔링의 전반적인 이해와 불황기 생존 전략의 가치

   브랜드는 변해도 마케터는 남는다

를 아울러 이해할 수 있는 사례를 하나 소개하고자 한다.

1851년 뉴욕 이스트 빌리지에서 출발한 작은 약방이 165년 뒤 '자연주의 브랜드'로 포지셔닝한 것은 오로지 스토리텔링의 역할이라 해도 과언이 아니다.

뉴욕 3번가와 13번째 거리 교차로엔 오래된 배나무 한 그루가 있었는데 '배나무 모퉁이'에 '키엘'이라는 이름의 약국이 문을 열었다. 주인은 컬럼비아 약대 출신인 존 키엘. 그가 가장 소중하게 여긴 것은 고객 중심 서비스로 전 세계에서 독특하고 희귀한 약재를 들여오는 데 주저하지 않았다.

1921년 존 키엘은 허브에 해박한 어빙 모스에게 약국을 물려주었는데 그는 창업자의 기대에 맞게 우수한 효능을 지닌 식물을 개발했으며 오리지널 머스크 오일, 클래식 에센셜 오일 등을 판매하여 약국을 지속적으로 성장시켜 나갔다.

특히 1920년 "사용해 보고 구매하세요Try before you buy."라는 샘플링 서비스와 키엘 약국 특유의 효능성 있는 다양한 제품은 '작은 모퉁이의 조제 약국에서 시작하여 여러 세대를 거쳐 코스메틱 브랜드'로 급성장하는 직접적인 요인이 되었다.

여기에 키엘 약국과 관련된 흥미로운 사건이 하나 있었다.

뉴욕 키엘 약국 앞을 지키던 배나무가 1867년 마차 충돌로 수명을 다하자 키엘이 같은 자리에 다시 배나무를 심었다는 것이다.

이후로 키엘은 광고보다 브랜드 헤리티지heritage와 스토리로 더 유명해졌다. 매장 인테리어에도 옛 약국 감성을 살리고 '배나무에서 뻗어 나온 전통'이라는 서사를 담아내었다. 한마디로 키엘은 화장품을 파는 회사가 아니라 역사와 철학을 파는 브랜드로 자리매김하였는데 최근 165년을 맞아 전통과 철학을 담은 '165주년 헤리티지 컬렉션 한정판'을 내놓았고 2003년 마이클 블룸버그 시장은 11월 12일을 '키엘의 날'로 공식 선포하였다.

고객에게 키엘의 배나무는 무엇을 이야기하고 있는가?

제품에 대한 충분한 정보와 올바른 사용법을 고객에게 성실하게 전달하기 위한 세심한 배려와 지역사회를 위한 눈부신 공헌 활동, 자연에서 얻은 원료와 과학적 연구의 조화(카렌듈라 꽃잎 클렌저) 등의 상징물로 거듭 인식될 것이다.

불황기일수록, 기술이 발달할수록 고객의 마음을 적셔줄 스토리텔링 마케팅은 키엘의 배나무처럼 오랫동안 늘어갈 것이라는 생각을 그래서 지울 수 없다.

마케팅 강줄기에서 지혜의 노를 젓다

나는 40여 년 이상의 경력을 가진 현역이다. 80년도에는 광고 카피라이터로 입문하였고 이후 기획자로서 마케팅이라는 큰 물줄기에 배를 띄웠다.

당시에는 변변한 전문서적도 없었고 마케터라는 직종도 그리 흔치 않았다. 한마디로 나는 판매 위주가 아닌 생산 중심의 흐름 한복판에 서 있었다. 이 흐름은 시대와 기술, 그리고 소비자의 변화에 따라 분류되는데 과연 어떤 시대에 어떤 주제가 다루어졌는지 조금은 주관적인 관점에서 풀어나가려 한다.

1) 생산 중심 시대 (1900년대 초반~1950년대)

이 시대는 이론적으로 묘사된 정보밖에 기술할 수 없다. 아마 산업혁명 이후 대량생산 체제가 확립되면서 기업들은 생산의 효율성과 유통망 확보에 전력했을 것으로 미루어 짐작된다. 즉 '만들면 팔린다'는 시대였으므로 제품 자체보다 공급에 적극적으로 치중했을 것이다. 일례로 1930년대 포드사는 검은 단색 T형 자동차를 생산하면서 벨트컨베이어 시스템을 통해 대량생산을 가능하게 하였다.

2) 판매 중심 시대(1950~1970년대)

1950년대까지는 생산 중심의 여진이 남아 있었다면 1960년대는 매스mass마케팅 시대로 동질의 욕구를 가진 고객에게 대량으로 생산, 공급할 필요만 존재하던 시기였다. 따라서 생산 중심의 시대를 지나 보다 진일보된 고도성장의 시대가 찾아왔다.

1970년대에는 최대의 위기로 평가 받는 석유 위기가 찾아왔다. 원유 가격은 치솟았으며 전 세계가 에너지 절약을 국가 슬로건으로 내걸 정도였다.

사람들은 비로소 자원은 유한하고 성장에는 한계가 있다는 것을 깨달았다.

     브랜드는 변해도 마케터는 남는다

70년대 타깃마케팅은 이런 사회, 경제적 배경에서 탄생했다. 표적을 정해 움직이는 이 새로운 마케팅은 매스와는 상반된 개념을 가졌으며 타깃의 변화에 따라 다양한 신제품이 쏟아져 나왔다. 광고, 프로모션이 활발해졌으며 비슷한 특질과 구매 행동을 한데 묶어 시장을 세분화하는 본격적인 마케팅이 작동되기 시작했다.

타깃마케팅의 선두주자는 코카콜라였다. 뉴코크, 다이어트코크, 카페인 프리코크, 체리코크 등 고객의 이질적 욕구가 시장을 양껏 선도해 나갔다.

필요와 욕구, 브랜드, 마케팅 믹스의 4P(제품/가격/유통/촉진) 등이 자리 잡았고 기업은 고객 니즈에 맞춰 복수 브랜드를 시장에 내놓았다.

3) 소비자 중심 시대(1970~1990년대)

1970년대 후반부터 80년대에 걸쳐 삶에 대한 사고방식에 일대 변혁이 일었다.

당시 세계 굴지의 소비자 조사기관인 안케로비치는 "거대한 플레이트가 움직이고 있다."라고 그 충격을 표현할 정도로 사회 환경적 변화가 요동쳤다.

원인은 70년대 후반에 발생한 두 건의 대형사고였다. 첫째는 드리마일 원전 사고(1979)였으며 또 하나는 우주선 챌린저호의 공중 폭발이었다.

이를 무기력하게 지켜보았던 사람들은 자신밖에 믿을 사람이 없다는 생각과 더불어 라이프스타일을 바꾸려 했다.

결혼하고 싶지 않은 독신, 미혼 커플, 딩크스(DINKS: 아이 없는 맞벌이 부부), 여피(YUPPI: 도회에 살며 지적 직업에 종사하는 소득 높은 사람) 등은 이 시대에 흔히 발견되는 현상이었다.

이는 생산과 판매 중심에서 소비자 중심으로 넘어가는 과도기라 말할 수 있다. 시장이 성숙해지고 제품이 넘쳐나면서 소비자의 욕구 분석이 무엇보다 중요해졌다.

한마디로 소비자가 원하는 것을 파악하는 것이 관건이었다. 소위 틈새 마케팅이라는 니치마케팅이 자리를 잡았다.

1990년대에는 개인 한 사람 한 사람의 성별, 주소, 연령, 연수입, 라이프스타일을 인지하여 소비자 욕구에 적합한 메시지를 내는 인디비주얼 마케팅이 부상하였다.

이 시대의 소비자는 광고나 마케팅에 흥미나 관심을 보이지 않고 극히 능동적으로 반응하는 초성숙기를 맞았다.

마케팅 분야에는 STP(세분화, 타기팅, 포지셔닝) 전략이 등장하여 이전보다 더 정밀한 마케팅이 시작되었으며 브랜드 이미지, 차별화, 고객충성도가 주요 키워드였다.

4) 관계 중심 시대(1990~2010년대)

1990년 직후 미디어에 거센 광풍이 불었다. 멀티미디어 정보를 능동적으로 선택하여 쌍방향으로 주고받을 수 있는 온라인미디어가 등장한 것이다.

이 매체는 우리에게 '열린사회'를 제공하였는데 다양하고 풍부한 정보를 접하면서 소비자 욕구는 보다 개성화되고 개별화되어 갔다.

마케팅 트렌드는 종래의 마케팅 접근을 부정하고 새로운 패러다임을 요구하였는데 이것은 생산과 소비구조에 커다란 변화를 가져왔다. 이를테면 공급자, 제공자 주도형 마케팅에서 구매자, 사용자 주도형 마케팅으로 전환하고 시장점유율에서 고객 점유율로 무게 중심이 이동한 것이었다.

이때 눈에 띄게 달라진 것은 고객과의 정보 교환을 통허 장기적으로 호의적 관계를 구축하려는 시도였다. CRM(고객관계관리), 데이터베이스마케팅, 로열티프로그램 확산 등 2000년 이후 디지털 마케팅의 씨앗은 서서히 뿌려지기 시작했다.

아울러 단순한 제품 판매보다는 고객 경험과 재구매가 강조된 시기였으며 결론적으로 고객과의 장기적 관계 구축이 시급해졌던 것으로 기억된다.

5) 디지털&데이터 중심 시대(2010년대~현재)

이 시대의 핵심은 "데이터가 곧 힘이다."라고 귀결될 수 있다. 이전에 비해 소비자들은 더 빠르고 쉽게 접근하며 기업은 빅데이터, AI 기반 맞춤형 마케팅을 활용하였다.

이는 오프라인에서 온라인으로 더 나아가 모바일로 중심축이 이동하는 현상이다. 소위 퍼포먼스 마케팅이 각광을 받고 있으며 검색광고search adervertisement, SNS, 유튜브 인플루언서 마케팅이 주류를 이루고 있다. 물론 현재 생성형 AI를 활용한 초개인화 마케팅과 AR(증강현실), VR(가상현실) 기반의 체험형 브랜딩, ESG 지속 가능성을 고려한 가치소비마케팅이 확대되고 있는 것도 사실이다.

여기서 눈여겨볼 것은 소비자 스스로가 팬덤을 만들고 커뮤니티 기반의 참여형 마케팅이 점점 힘을 얻어 가는 현상이다.

생산자 중심에서 디지털 시대를 거쳐 AI 중심에 이르기까지 마케팅의 흐름은 소비자에게 끊임없이 메시지를 던지고 있다.

예를 들어 생산자 중심의 "만들면 팔린다."와 판매 중심의 "팔아야 산다." 그리고 소비자 중심의 "원하는 것을 파악하라." 나아가 "고객은 오래가는 동반자.", "데이터가 힘이다."
등등.

이 거대한 파도에 노를 저어 여기까지 왔다. 아날로그에서
디지털까지, 디지털에서 생성형 AI까지….

"그럴 줄 알았다." 고객에게 갑이 된 기업

흔히들 "고객에게 갑"이라는 표현은 기업과 고객의 권력 관계 변화를 설명할 때 자주 사용한다. 전통적으로 기업은 공급자 중심으로 갑甲의 위치에 있었지만 AI, 빅데이터 등 기술 발전으로 스마트가 키워드가 되어버린 디지털 전환과 정보의 비대칭(거래당사자 간에 보유한 정보의 양이나 질에 차이가 있을 때 발생하는 현상) 해소로 바야흐로 고객이 '갑'이 되는 시대를 맞이하게 되었다.

전자의 경우 일종의 패러다임의 변화라 볼 수 있지만 특히 후자인 정보의 비대칭은 똑똑해진 고객을 상대하기에 버거운 현재

기업이 풀어야 할 문제로 도출되고 있다.

이미 디지털의 발달로 고객은 기업보다 상당히 많은 정보를 보유하게 되었으며 마케팅 측면상 기업만의 정보를 보유하지 못하는 일종의 난관(?)에 봉착하게 되었다. 과거 기업이 전가의 보도寶끼처럼 휘두른 상품이나 서비스(생산, 품질, 가격 책정, 성능, 안전성)의 상세한 정보는 무기력해졌고 고객에게 제한적으로 제공된 정보는 이제 더 이상 불리하게 적용되지 않는다.

그렇다면 이런 쓰나미 같은 변화에도 기업은 갑의 위치를 굳건히 지켜낼 수 있을까?

먼저 기업은 더 이상 숨기지 않고 투명하게 접근해야 한다. 온라인 리뷰나 가격비교사이트, 커뮤니티 발달로 이미 기업을 압도하는 고객에게는 충분하게 정보를 제공하고 더 나아가 참여의 문을 여는 수평적 사고가 필요하다.

예전의 수직적인 설득 커뮤니케이션은 최대한 배제해야 한다. 일례로 스타벅스Starbucks의 고객제안프로그램My Starbucks Idea은 고객 의견을 메뉴나 서비스에 반영하고 충성된 고객층이 새로운 메뉴 확산에 큰 역할을 하는 계기를 마련해 주었다. 여기서 과거와 다른 소비자 트렌드를 살펴보면 이해하기 쉬울 것이다.

1) 그린슈머Greensumer: 친환경 및 유기농 제품을 선호하는 고객을 말한다. 통상 녹색소비자라고 부르며 ·이들은 가격이 조금 비싸더라도 환경에 도움이 되는 원료를 고려하여 제품을 선택하려는 의지가 강하다.

2) 트라이슈머Trysumer: 광고에 의존하지 않고 새로운 서비스, 제품을 직접 경험하는 체험적 소비자를 말한다. 큐레이션 물품을 오프라인 브랜드 매장에서 경험할 수 있게 한 무신사의 온라인 편집숍 '29CM'이 대표적이다. 플래그샵스토어, 팝업스토어, 체험부스도 트라이슈머를 겨냥한 전략이다.

3) 모디슈머Modisumer: 일방적으로 제공되는 표준 방법보다 자신만의 방식으로 재창조하는 소비 트렌드를 말한다. 이는 1인가구 증가와 SNS 대중화의 영향이 미친 결과로 간단하게 나만의 특별 조리법을 발전시켜 이를 SNS에 레시피와 함께 공유하는 짜파구리, 달고나커피 등이 그것이다.

4) 트윈슈머Twinsumer: 동일 취향을 가진 사람의 의견과 경험을 참고하여 구매 결정을 내리는 소비자를 말한다. 물론 취향 외에 생각, 반응도 포함되는데 사용 후기나 입소문 등이 구매 결정에 지대한 영향을 미친다.

5) 큐레이슈머Curasumer: 전시회의 큐레이터처럼 기존 제품을 꾸미고 다양하게 활용하여 자신에게 맞게 구성하는 편

집형 소비자를 말한다. 대표적인 예로 가구업체 이케아의 경우가 그렇다. 직접 생산에 참여하는 프로슈머prosumer 보다 한 발 더 진화한 능동적 소비자이다.

디지털 시대에 고객은 글로벌 전자상거래, 다양한 구독서비스, 플랫폼 발달로 대체제를 쉽게 찾을 수 있게 되었다. 따라서 기업은 보유 역량으로 더 많은 선택권을 고객에게 부여해야 한다. 여기서 특히 고려해야 할 것은 구독이나 멤버십으로 고객과 지속적인 관계를 맺어야 하며 SNS나 유튜브 등으로 평판을 전략적으로 관리해야 한다. 왜냐하면 과거와 달리 고객은 불만족 요인이 생기면 주저하지 않고 이탈해 버리기 때문이다.

그렇다면 새롭게 '갑'이 된 고객에게도 흔들림 없이 '갑'의 위치를 고수하는 기업의 사례는 무엇일까?

1) 아마존, 쿠팡 외: 이들은 반품을 자유롭게 허용하고 고객 만족을 최우선으로 한다. 기업이 손해를 보더라도 고객의 편의를 챙기는 구조이다. 특히 아마존의 경우 고객 경험을 위해 물류, 배송 혁신에 가장 먼저 투자했다. 아울러 국내의 경우 쿠팡의 로켓배송과 무조건 반품 정책, 네이버의 리뷰 및

별점 시스템은 고객 권한을 크게 확장한 사례이다.

2) 넷플릭스, 스포티파이: 구독 취소가 버튼 한 번으로 가능하며 고객이 계속 머물도록 콘텐츠와 추천알고리즘을 쉬지 않고 혁신한다.

3) 애플, 테슬라: 강력한 브랜드 팬덤이 생기면서 고객은 단순한 소비자의 자리를 넘어 '커뮤니티'의 일원으로 소리를 낸다. 애플의 경우 A/S정책과 고객지원 경험이 브랜드 충성도를 좌우한다고 보며, 테슬라는 고객의 피드백을 OTA(무선 업데이트)로 바로 반영한다.

이 밖에 고객 편의성을 반영해 '새벽 간편식 HMR'을 출시한 GS25의 고객접근 전략은 트렌드를 만드는 주체가 기업이 아니라 '고객니즈' 분석에 따라 여전히 '갑'의 위치를 유지하는 기업의 변화된 모습을 보여주는 사례라 할 수 있다.

결론적으로 기업이 변함없이 선의의 '갑'이 되기 위해서는 고객 중심의 혁신을 통해 관계 기반 전략을 실행하여야 한다. (고객 경험, 리뷰 관리, 팬덤 마케팅 등)

바야흐로 갑과 갑이 공존한 신神마케팅 시대에 접어든 것이다.

고객이 뿔났다,
마케터가 불났다

마케터 가상 시나리오

도대체 고객의 속마음을 모르겠다. 그들은 "예"라고 말하다가도 돌연 "아니오"라고 말한다. 그래도 우리는 고객의 숨겨진 마음을 알아내려고 막대한 예산을 투입하는데 우리가 기대했던 결과치는 항상 요원하다.

그들의 반응은 언제나 시큰둥하다. 그래도 점수 하나라도 따내려는 지엄한 시어머니 앞 며느리처럼 고개도 숙여보고, 이것저것 서비스라고 챙겨드려도 "뭘, 이런 것 까지…" 하며 마뜩잖은 반응을 보낸다.

고객은 언제나 새로운 것을 원한다. 그

리고 변심한 애인처럼 또 다른 것을 향해 떠난다. 또 하나 고객은 예전 가정환경 조사서를 들여다보던 선생님처럼 큰 집, 작은 집을 따지고 재산목록까지 샅샅이 뒤진다. 옛날처럼 없어도 있는 것처럼 허세를 부릴 수 없다. 선택이 다양해졌다는 것은 우리에겐 공포요, 선전포고이다.

생사를 오가는 피 터지는 전쟁터에서 우리에게 목숨을 내줄 소위 '충성도 높은 고객'은 어느 세월에 만날까? '떠날 때는 말없이'라며 이유도 없이 조용히 사라지는 고객을 잡을 방도는 없는 것일까?

마케터는 늘 힘에 부친다. 이 방법, 저 방법을 써도 백약이 무익하다. 흰머리가 머리 위에 꽃피우기 시작했다. 극한 직업의 표상이 될지 모르겠다. 고객은 늘 얄미운 짝사랑 상대이다. 언제 그 마음을 사로잡을 수 있을까….

고객 가상 시나리오

기업은 문제가 터지면 매체라는 방어막 속에 숨어서 고장 난 녹음기처럼 '최선' 운운한다. 뭘 어떻게 했기에 그것을 최선이라 하나.

평생 고객을 왕처럼 떠받들 듯하다가도 상품을 팔면 언제 그랬냐는 듯 고압적인 태도로 일관한다.

   브랜드는 변해도 마케터는 남는다

TV 속의 그들의 모습은 맘씨 좋은 키다리아저씨 같은데 상품에 문제가 생기면 어찌 그리 많은 법과 원칙을 들이대는지….

"해결을 해달라니까? 뭔 부서가 그리 많냐고요. 제 얘기는 듣고나 있는 거예요?" 이걸 창과 방패라 해야 하나… 모순덩어리 같으니…. 아직도 빅모델을 내세워 진정성을 말아먹는 기업이 있다. 우리가 왜 그 모델의 주머니를 채워주어야 하는지….

그래서일까? 어느 아파트 광고는 그 모델이 자신들이 광고하는 아파트에 살고 있다는 메시지를 주기 위해 모델의 아파트 내 생활을 브이로그로 생중계했다.

이제 기업도, 고객도 무엇이 선하고 좋은지 알게 되었다. 고객도 이제 많이 자랐다. 거짓 정보도 분석하고 기업의 의도도 간파할 줄 안다. 때론 건강한 기업에 응원의 박수를 보내기도 한다. 자신의 철학과 같으면 그 제품을 통해 자신의 이미지를 만들기도 하고….

홀로 가기보다는 함께 가야 오래간다는 황금률을 기업도, 고객도 알아가기 시작한 것은 아닐까?

왜 고객은 뿔이 났을까?

이제 고객은 다양한 출처에서 정보를 얻을 수 있으며 비교적 손쉽게 접근하여 정보를 평가할 수 있게 되었다. 이는 디지털 전환과 정보 비대칭의 붕괴로 고객 권력이 증가한 것이다. 먼저 온라인 플랫폼과 비교사이트 덕분에 더 좋은 제품과 서비스를 쉽게 찾을 수 있도록 선택권이 증가했으며, 과거와 달리 SNS, 리뷰사이트, 커뮤니티에서 공개적으로 문제를 제기하면서 기업 이미지에도 직접 타격을 주게 되었다.

이제는 단순한 제품이나 가격이 아니라 '경험, 가치, 윤리'까지 평가하게 되었다. 이런 고객 권력은 자신들의 질문에 답하는 질과 속도를 실시간 수준으로 끌어올리도록 요구하고 있다.

마케터는 왜 불이 났을까?

기업과 마케터도 이런 고객 변화에 대응해야 함은 주지의 사실이며 이를 계기로 고객과의 힘의 균형을 재조정해야 했다. 먼저 고객 불만에 즉각적으로 답하지 않으면 브랜드 신뢰에 금이 간다는 사실을 간파했으며 고객구매여정(제품이나 서비스를 알아가고 고민하고 최종 구입까지 이르는 일련의 과정)이나 CRM(고객관계관리) 등 수많은 데이터를 분석해 즉각 대응해야 했다.

또한 경쟁사들이 거의 비슷한 수준의 품질과 가격을 제공하므로 기업 특유의 감성이나 스토리 경험을 통해 차별화해야 했다.

브랜드는 변해도 마케터는 남는다

위의 두 가지 상황을 종합해 보면 과거 '기업이 주도하고 고객이 수용하는' 과정이 '고객이 주도하고 기업이 대응하는' 과정으로 역전되었음을 알 수 있다.

그렇다면 두 가지 상황과 대응 사례를 살펴보자.

1) 대한항공 땅콩 회항 사건

대한항공 1등석에서 마카다미아를 봉지째 가져다준 승무원의 서비스를 문제 삼아 일부 임원이 난동을 부리고 이륙을 위해 활주로로 이동 중인 항공기를 되돌려 사무장을 하기下機시켜 국내외적으로 큰 논란을 일으킨 사건. 이 사건은 전 세계적으로 기업 이미지를 추락시키고 불매운동으로까지 이어졌다. 뒤늦게 위기관리 PR팀이 진화에 나섰으나 역부족이었다. 결국 서비스 산업에서 작은 경험 하나가 브랜드 전체를 흔든다는 교훈적 사례를 보여주고 있다. 이후 대한항공의 마케터와 PR팀은 위기관리 최전선에서 활동하게 되었다고 한다.

2) 제품 리콜-삼성 갤럭시 노트7 발화 사건

삼성 갤럭시 노트7 리콜 사태는 역사상 가장 큰 스마트폰 리콜 사태의 하나로 삼성전자의 브랜드 이미지에 큰 타격을 준 사건이었다. 핵심은 배터리발화(폭발) 문제로 인한 전 세계적 제품 회수 및 생산 중단이었다.

1차 리콜에서는 전 세계에 판매된 약 250만 대 전량을 리콜하고 배터리 공급사ATL를 교체하였다. 이어 배터리를 교체한 제품에도 폭발 사고가 다시 발생하자 생산을 전면 중단하고 전량을 회수하였다. 아울러 신뢰 회복을 위한 고객 보상정책과 '안전 최우선의 메시지'를 강화하였다.

3) 정책 실패-넷플릭스 요금제 변경

넷플릭스는 2011년 DVD 배송 서비스와 스트리밍 서비스를 분리하면서 일명 퀵스타 요금을 인상하였다. 하지만 고객들은 불편한 분리 정책에 강력 반발하였으며 주가 폭락까지 이어져 손실이 약 10억 달러에 이르렀다.

이들은 발 빠르게 정책을 철회하고 사과와 더불어 콘텐츠 투자를 강화하고 개인화 마케팅으로 전략을 전환하였다. 이후 넷플릭스는 스트리밍 사업에 집중하여 세계 제1의 스트리밍 플랫폼으로 성장하였다.

4) 온라인 리뷰 파워-맥도날드 맥런치

맥런치는 맥도날드가 점심에만 판매하던 할인 세트 메뉴였다. 말하자면 인기 메뉴(빅맥, 맥스파이시, 더블불고기 버거 등)

를 약 30% 저렴하게 제공하는 것이다.

그런데 2023년 맥도날드는 별다른 사전 예고 없이 판매를 전면 종료해버렸다. 그러자 온라인에서 할인 혜택을 중시하던 직장, 학생 고객층이 떨어져 나갔으며 "고객 무시다."라거나 "이제 버거킹 간다."라며 분노를 표출하였다.

마케터와 기업의 공식 입장은 메뉴 단순화 및 새로운 프로모션을 준비하는 차원이라는 것이었고 유화책으로 특정 기간 '행사메뉴'나 '쿠폰할인'을 내놓았으나 과거 맥런치만큼의 상징성과 만족감은 주지 못했다. 여기서 맥도날드 측이 얻은 교훈은 가격 정책 변경은 고객커뮤니케이션이 선행되어야 하며 '할인'은 단순한 가격 조정이 아니라 고객과의 약속이라는 것이다.

5) 해킹-SK텔레콤 보안 사고

2011년 네이트와 싸이월드 해킹 사건은 2025년 유심USIM 해킹 사태로 절정에 이른다.

유출된 것은 가입자 인증, 유심정보 저장 등 중요한 역할을 하는 음성인증 서버HSS로 유출 규모는 알뜰폰 포함 약 2,300만 명으로 추정되고 있다.

이 사고로 통신사는 '최첨단 기술 리더'로서의 프리미엄 이미지가 훼손되었으며 늦은 대응과 불충분한 설명, 책임 있는 리더십 부재로 고객의 화를 돋웠다.

문제는 대응 속도와 투명성이다. 초기에 어떻게 소통하느냐에 따라 피해 인식이 달라질 수 있는데 아쉽게도 '불 *끄기*'로 일관했다는 사실이다.

위의 5가지 사례처럼 고객이 뿔나면 마케터는 어떤 매뉴얼을 작동해야 하는가?

이에 대한 솔루션 5단계를 살펴보자.

1단계:경보 감지Listeniang이다.

고객의 뿔, 즉 불만은 아주 사소한 것에서 시작된다. 이를 감지할 온라인 리뷰, SNS 커뮤니티 모니터링은 필수이며 빠르게 캐치하면 불이 번지기 전에 진화가 가능하다. (실시간 데이터 분석)

2단계: 공감과 인정Acknowledgement이다.

고객은 문제보다 태도에 더 민감하다. 고객의 불만을 즉시 인정하고 '우리는 당신의 목소리를 들었다'는 메시지를 전달하여야 한다.

3단계: 대안 제시Alternative를 해준다.

고객은 '혜택 유지'보다 공정한 대우를 원한다. 만일 기존의 혜택이나 경험을 없앤다면, 동등하거나 더 나은 대안을 준비해야 한다.

4단계: 스토리텔링Narrative이다.

여기서 "내부 운영 효율화 때문입니다."라는 어려운 관용어보다는 "더 다양한 신메뉴와 품질 강화를 위해 불가피하게 조정했습니다."라는 고객 언어로 설명하는 것이 좋다. 왜냐하면 고객은 논리보다 스토리에 설득되기 때문이다.

5단계: 회복과 학습Recovery&Learning이다.

위기 후에는 보상, 프로모션, 고객 초대 이벤트 등을 통해 신뢰 회복 액션 실행이 뒤따라야 한다. 내부적으로는 교훈을 정리해 재발 방지를 매뉴얼화하며 이를 통해 위기가 브랜드 충성도를 높일 기회가 될 수 있음도 강조해 둔다.

이제 마케터는 고객이 뿔이 나면 이를 달래며 불을 끄는 '위기 관리자'로 재정립해야 한다. 단순하게 그 불이 진화됨에 그치는 것이 아니라 나아가 그 근원까지 통찰력으로 들여다볼 수 있다면 더할 나위 없을 것 같다.

브랜드 순위를 보면 세상이 보인다

브랜드 순위는 단순히 기업 간의 인기 경쟁을 보는 것이 아니라 시대정신, 소비자 가치관, 산업 트렌드를 읽을 수 있다는 의미로 이해할 수 있다.

먼저 브랜드 순위를 보면 산업 중심이 어디로 이동하는지 한눈에 볼 수 있다.

과거 1980~2000년대 초반에는 코카콜라, 마이크로소프트, IBM, Intel, Nokia 등과 같은 하드웨어가 강세였다면 2020~2025년에는 애플, 구글, 아마존, 삼성 등 디지털 및 플랫폼 기업이 상위를 독식하고 있다.

이는 기술과 데이터가 곧 가치의 핵심인

 브랜드는 변해도 마케터는 남는다

시대가 도래했다는 의미로 스마트폰, 인터넷, 클라우드컴퓨
팅, 온라인 소비가 확대되었다는 사실을 말해준다.

그렇다면 어떤 기업의 가치관을 반영하고 있을까? 이미 친
환경이나 윤리적 소비를 강조한 테슬라나 파타고니아 같은
브랜드가 상승했으며 나이키, 룰루레몬 같은 건강, 웰빙 트렌
드가 강세를 보이고 있다. 또한 최근 세계적 관심을 받고 있
는 영화 〈케이팝 데몬 헌터스〉, BTS나 블랙핑크 같은 문화 콘
텐츠 브랜드가 글로벌 톱 순위에 영향을 미치고 있다.

그렇다면 브랜드 순위를 보고 어떻게 세상을 읽을 수 있을
까?

먼저 반도체, AI, 전기차, 스트리밍 등을 보면 어떤 산업이
부상했는지 경제 지형을 파악할 수 있다. 아울러 소비자들이
경험, 편리함, 지속 가능성 등 무엇을 가치로 두는지 미루어
예상할 수 있으며 브랜드가 속한 국가의 영향력도 놓쳐서는
안 될 사안이다.

결국 브랜드 순위는 '누가 잘 팔았나'가 아니라 '고객이 지
금 세상에서 무엇을 원하고 있는가?'의 지표를 가름한다고 본
다.

좀 더 구체적으로 인터브랜드의 Best Global Brands 순위
로 돌아가 시대적 흐름 변화와 브랜드 가치 변화를 살펴보

는데 측정 기준에는 재무 성과Financial Performance, 브랜드가 구매 결정에 미치는 영향Role of Brand, 경쟁력과 브랜드 강도 Brand Strength 등이 포함되어 있다.

여기서 흥미로운 것은 2023~2024년 보고서를 중심으로 몇 년간 인터브랜드 순위에서 중요해진 변화에 대한 내용이다.

첫째, 카테고리 이상의 확장Arena Thinking이다.

인터브랜드에 두드러진 최근 현상은 전통산업 경계를 넘어 고객의 다양한 욕구arena를 충족시키는 브랜드들이 더 높이 평가되고 있다는 사실이다.

결국 카테고리에 갇히지 않고 제품과 서비스가 고객 삶의 여러 영역으로 확장되고 있다는 사실이다.

일례로 애플은 기기Device를 넘어 건강, 금융, 홈, AI 등 다양한 영역으로 확장 중에 있다는 것이다. 또한 불황기임에도 불구하고 Louis Vuitton, Herme's, Prada 같은 브랜드들의 상승률이 높아지는데 이는 단순한 판매를 넘어 소비자 경험, 문화적 요소, 라이프스타일 연계형 브랜드들이 높아지고 있다는 증거이다.

최근 전기차 지속 가능성과 모빌리티 전환 트렌드 등 자동차 브랜드 순위와 그 가치가 강화되고 있음도 알 수가 있다.

물론 테슬라의 경우 변화나 기대치가 못 미친다는 평가가

    브랜드는 변해도 마케터는 남는다

있지만 아직도 Toyota, BMW, Mercedes-Benz 등이 상위권을 유지하고 있다. 여기에 지속적으로 강세인 분야는 디지털/테크 중심의 브랜드이다. Microsoft, Amazon, Google 등 순위 상승률이 크며 처음으로 Nvidia도 진입하여 주목받고 있는 추세이다.

이 브랜드들의 경우 클라우드, AI, 플랫폼, 디지털 인프라가 중심인 산업으로 기술혁신과 연관된 브랜드들이다.

종종 인터브랜드 보고서에는 "단기적 성과 중심의 전략이 브랜드의 장기적 가치를 저해했다."라는 말이 나온다. 이는 브랜드의 신뢰성과 연속성이 중요하다는 것을 지적하는 말이다. 아울러 ESG, 지속가능경영, 환경, 사회적 영향을 고려한 브랜드가 긍정적으로 평가되며 브랜드 강도에 윤리적 요소가 포함되었음을 발견하게 된다.

현재 브랜드의 측면에서 보면 앞서 언급한 대로 '영역 확장과 경험 중심 디자인'이 강화되고 있으며 변화 속도, 투명성, 윤리성에 뒤처지면 순위 하락의 가능성도 눈여겨볼 만한 사안이다. 이를 전체 맥락에서 보면 브랜드 순위는 세상 변화를 읽는 척도가 아닌가 생각한다.

위험, 위기, 불확실성을 바라보는 색다른 시각

경제학자 프랭크 나이트Frank Knight는 위험 Risk과 불확실성Uncertainty을 구분한 학자이다. 전자는 확률을 계산할 수 있는 불확실성을 말함이요, 후자는 확률조차 모르는 상황을 일컫는 단어이다.

이를 정리해보면 리스크는 예측 가능하고 관리가 가능한 상태를 의미한다.

예를 들어 보험회사는 교통사고 확률을 계산하고 리스크를 가격화한다(보험료). 그러나 기업에 이를 적용하면 안전사고, 해킹, 평판 리스크 등을 말하며 이런 상황들이 발생하면 그야말로 위기에 파급된다.

그렇다면 미래에 어떤 일이 생길지 모르는 불확실성과 그 불확실성을 확률화하고 측정해서 다룰 수 있는 리스크를 구분하여 이해할 수 있는가?

이를테면 비 오는 것은 불확실성이지만 날씨 예보가 "30% 확률로 비"라고 한다면 이는 리스크라 할 수 있다.

불확실성의 경우 "AI가 노동시장을 어떻게 바꿀 것인가?"라는 질문처럼 미래의 결과와 가능성 자체가 정의되지 않지만 리스크의 경우 앞서 말한 대로 꼭 긍정적이거나 부정적인 것은 아니다. 경영학적으로 보면 확률과 영향을 어느 정도 예측, 측정할 수 있는 상황이다. 예를 들면 배터리 발화 확률이 0.5%라면 관리 가능한 리스크에 해당한다. 더불어 사전에 예방할 수 있거나 통제 또는 전략적으로 활용할 수 있기 때문이다. 여기에 실제로 부정적인 결과가 발생하거나 대응이 미흡하여 외부적으로 긴급 상황으로 발전하면 우리는 이를 두고 위기Crisis라 정의한다.

리스크에서 위기로 발전한 IMF

1997년은 우리 경제 사상 유례 없는 경제 환란으로 기억될 만큼 험난했던 해로 기억된다. 그 폭풍은 살인적인 쓰나미처럼 우리 경제를 휩쓸고 갔으며 이에 대한 여파로 우리 경제의 중심인 대기업들이 부도, 도산, 유동성 위기 등의 큰 어려움을 겪고야 말았다.

금융 위기 전까지 우리나라의 거시 경제는 전반적으로 양호하였고 내수의 급격한 위축에도 불구하고 그 당시 3분기 동안 실질 국내총생산 6% 성장에 수출 급증 등 여러 청신호가 켜지고 있었다.

그럼에도 불구하고 재벌들의 연쇄적인 부도 현상은 순 자산 가치와 은행 보유주식의 가치 하락 등 금융시스템을 하락시켰다. 이로 인해 국제신용평가기관들이 한국금융기관들의 신용등급을 잇달아 하향 조정하였으며 해외자금 조달이 급속히 위축되었다.

그렇다면 무엇이 경제 위기라는 대공황에 견줄 만한 위기를 불러왔는가? 배경은 급격한 외채 증가와 단기 외채 의존에 있었다. 당시 태국의 비트화 폭락 등 동남아국가들의 외환위기는 한국 경제의 취약점을 노출하는 원인이 되었으며 국제금융사회에 신뢰를 잃게 하였다. 아울러 관치경제라 불리는 자본주의의 계획 경제를 청산하고 시장경제를 갖추는 데 실패하였던 것은 큰 아쉬움으로 남는다.

이 여파로 외채 증가는 가속화되었고 차입외채 구조도 단기 외채에 치중해 단기적 지불 능력을 약화했다. 재벌 중심의

 브랜드는 변해도 마케터는 남는다

경제구조 문제점도 문제를 악화시키는 요인이 되었다. 특히 차입 위주의 경영, 선단식 경영(업종 특성상 연관성이 없는 계열사가 상호지급보증으로 연결되어 사업을 벌이는 그룹의 경영 형태), 황제식 경영 등이 그것이었다.

마지막으로 민간기업의 과도한 투자가 금융 위기를 가속화했다. 90년대 들어 기업의 왕성한 설비 투자와 민간의 과소비는 경상수지 적자의 누적과 기업의 과도한 투자 붐을 일으켜 수출 주종 품목에 대한 생산 능력이 과잉 상태에 도달하였다.

이는 결국 국제 가격의 하락을 불러 기업의 채산성과 자금 사정을 악화시키기에 이르렀으며 결국 IMF 외환 위기는 기업의 구조조정과 대규모 실업, 가계 파탄을 유발하였다. 아울러 경제적 고통의 이면에 기업의 투명성 강화와 금융제도 선진화, 글로벌화의 직접적인 계기가 된 것만 해도 우리가 IMF를 위기로만 기억할 수 없는 명확한 이유이다.

불확실성이 몰고 온 미래의 긍정적 모멘텀-코로나19

우리가 리스크를 위기로 번질 수도 있고 기회로 전환될 수도 있는 상반된 가능성을 가진 것으로 본다면, 현실로 터진 위기보다 어떤 일이 일어날지 모르는 불확실성에 대한 부정적 사고를 가질 수 있다. 그러나 불확실성이 반드시 모든 것을 추락시키거나 파멸시키지 않는다는 것을 코로나19를 통해 학습하게 된다.

일단 우리의 기억을 더듬어 올라가면 크게 세 번의 위기가 있었다.

첫째가 석유 위기였다. (1973년과 1979년 2회)

당시 석유 위기에 의한 유가 상승은 사회적으로, 경제적으로나 급격한 변화를 몰고 왔다. 아울러 이미 언급된 금융위기(2008)는 부실채권으로 인한 금융회사 도산(금리 인하, 양적 완화)의 여파였다.

결정적인 위기는, 아니 불확실성은 코로나19 위기였다. 이동 및 경제 활동의 제한으로 인한 실물경제 추락이었다.

코로나19는 단순한 전염병 사건이 아니라 이로 인해 사회와 경제 등 전반에 걸쳐 예측할 수 없는 현상, 즉 불확실성이 가져온 대표적인 사례였다.

과연 그 불확실성은 우리에게 어떤 변화를 가져왔을까?

- 사회 분야: 사회적 거리두기, 재택근무, 온라인 강의 트렌드화, 비대면untact, 비접촉contactless 무인 서비스 등 느슨한 관계망

　　　　　　　　　　　브랜드는 변해도 마케터는 남는다

- 인식 변화: 공공서비스 중시, 기업의 CSR(사회적 책임), 복지는 공공 의료지원 및 취약계층 지원
- 교육 환경: 온라인 강의시스템과 강의 퀄리티로 교육 수요자 강화
- 산업별 희비: 항공, 관광, 오프라인 외식, 공연, 오프라인 교육(타격)
- 온라인커머스, 배달, 구독서비스, 게임, OTT, 헬스케어, 클라우드(성장)
- 공급망 재편: 글로벌 생산과 물류 차질로 인해 각국이 공급망 다변화 전략 모색
- 노동환경 변화: 재택근무, 원격 협업, 하이브리드근무가 새로운 표준으로 자리 잡음
- 소비자행동 변화: 디지털소비 급증, 건강과 안전 가치 강화, 가격보다 신뢰, 가치중심
- 브랜드마케팅 변화: CSR와 ESG 중요성 상승, 고객 경험의 디지털화, 스토리텔링 변화
- 새로운 강자 등장: Zoom, Netflix, 쿠팡, 배달의 민족, Amazon 같은 브랜드는 필수생활 인프라로 자리 잡음
- 경제: 수익성보다 안정성과 지속 가능 경영, 긱 이코노미 부상, 보복성 소비, 기업 구조 조정 확대

결론적으로 예측하고 관리하기 좋은 리스크나 이를 현실에 반영한 위기, 기회로 전환할 가능성이 높은 불투명성은 인식하기에 따라 결과가 다르게 나타난다. 특히 코로나19처럼 적극적으로 이를 수용하고 혁신적인 사고로 불확실성을 없애는 순간 앞선 변화의 결과처럼 위기를 성장의 발판으로 삼을 수 있다. 한마디로 모든 분야에 긍정적으로 적용할 역량의 모멘텀을 마련할 수 있다는 말이다.

브랜드는 변해도 마케터는 남는다

세대가 시장을
전복시켰다는
이유 있는 진실

최근 MZ세대와 소위 알파세대Generation Alpha가 기존의 산업 질서와 브랜드 판도를 바꾸고 있다고 한다. 여기에 필자가 전복顚覆이라는 단어를 차용한 것은 이들의 출현이 기존의 강자와 질서를 무너뜨리고 새 판을 짜는 파워를 지적하는 말이다. 부연하여 설명하면 세대가 바뀌면 단순히 고객 취향이 달라지는 것이 아니라 시장질서 자체가 바뀐다는 의미이다.

MZ세대는 밀레니얼 세대와 Z세대가 결합한 형태로 대략 1980년대 초에서 2010년 초 출생한 세대로 추정되며 디지털 전환의 수용자요, 활용자로 인터넷, 스마트폰, SNS에 적응하며 성장했다. 이들은 가치소비와 경험소비를 중시하고 개인의 개성과 라이프스타일을 강조한다. 나아가 소유보다는 공유, 브랜드보다 자신만의 취향을 우선시한다. 현재 시장을 주도하는 이들은 자아실현, 공정, 가치 중심의 가치관을 가지고 있다.

아울러 알파세대는 2010년 이후 출생한 세대로, 출생부터 스마트폰, AI, 메타버스, 유튜브와 함께 자란 순수한 디지털 네이티브이다. 이들은 시각과 영상 중심이고 숏폼 같은 빠른 피드백을 선호할뿐더러 게임, 메타버스, AI어시스턴트에 익숙하며 어릴 때부터 해외 콘텐츠와 언어를 접함으로써 글로벌 감각이 자연스럽다.

MZ의 경우 현재 20~40대로 경제활동의 핵심이자 소비의 메인 드라이버이다. 이들의 소비 경향은 ESG, 윤리소비, 경험소비 중심이며, 대표적인 소비 패턴으로 비건화장품, 공유모빌리티, 프리미엄 여행을 즐긴다.

반면에 알파세대는 10년 내 소비 중심층으로 성장할 잠재시장의 주인공으로서 메타버스, 게임 등 디지털 자산의 소비가 강한 경향을 보이며 AI 기반의 개인화 서비스, 인터렉티브 교육, 가상인플루언서에 친숙함을 보인다.

아울러 콘텐츠를 소비하면서 동시에 생산, 유통을 함께하

   브랜드는 변해도 마케터는 남는다

는 '글로벌 크리에이터형 소비자'로서 입지를 다질 가능성이 높은 것으로 알려졌다. 이를 통찰력 있게 들여다보면 MZ세대가 시장을 흔들고 알파세대는 미래 시장을 전복할 태세로 AI, 메타버스, 게임화에 발맞추어 선제적으로 준비해야 할 것이다.

그렇다면 이 세대들은 어떻게 개입하여 시장을 전복했는가?

먼저 넷플릭스의 성공신화와 비디오테이프 대여회사 블록버스터Blockbuster의 실패 사례를 비교해 볼 수 있다. 과거에는 비디오테이프로 영화를 시청했었던 시대가 있었다. MZ세대에게는 생소하게 들리겠지만….

2000년대에 블록버스터는 이 시장의 공룡이었다. 규모도 넷플릭스와 비교할 수 있을 정도로 거대했으며 전 세계적으로 9,000여 개의 점포와 약 8만 명의 직원을 보유하고 있었다. 당시 미국과 영국에서는 비디오로 영화를 보는 시청자 거의 대부분이 블록버스터에서 비디오테이프를 대여했을 정도였다.

당시 넷플릭스는 우편을 이용한 DVD 주문 및 반납 서비스를 제공하고 기한도 넉넉히 준 반면 블록버스터는 고객이 직접 방문해야 했었다. 이후 블록버스터는 온라인 서비스를 개발할 자본과 시간이 있었지만 이런 상황을 백안시했다. 그들은 스트리밍서비스에 대해 별다른 생각이 없었거나 영화를 인터넷으로 전송할 것이라고는 미처 생각하지 못했다. 2007년 경쟁사 넷플릭스는 실물 DVD를 온라인 스트리밍 서비스로 실행하는 데 성공했다. 이제 소비자들은 자동차를 끌고 비디오 대리점을 왔다 갔다 할 필요 없이 컴퓨터를 켜고 인터넷을 이용하는 것이 더 나을 것이라 판단했다.

결론적으로, 젊은 세대의 디지털 소비 패턴이 비디오 대여 시장을 전복한 것이었다. 이런 사례는 최근 들어 부쩍 심해지고 있다. MZ세대의 간편 결제, 모바일 금융 선호는 기존의 금융 질서를 흔들고 있으며(카카오/토스 vs 기존 은행) 세대 취향 변화가 커피 시장을 프랜차이즈 중심 시장에서 '브랜드 경험 중심'으로 바꾸고 있다. (스타벅스/블루보틀) 아울러 Z세대의 숏폼 선호가 SNS 시장을 뒤집는 현상도 나타나고 있다. (틱톡 vs 페이스북)

물론 MZ세대는 현 시장의 주류로서 소비력이 강하지만 미래 시장을 미루어 볼 때 알파세대의 파괴력도 무시하지 못한다. 일례로 알파세대는 애플 아이패드를 교육이나 창작의 도구로 인식한다. 그들은 태어나면서 아이패드로 학습, 게임, 창작을 한다. 디지털 학습, 영상 편집, 그림 그리기 경험까지….

　앞서 언급한 대로 기업은 기존의 강자와 질서를 두너뜨리고 새 판을 짜는 세대의 소비력에 철저히 준비하고 대응하여야 할 것이다.

비즈니스모델을 버릴 것인가, 확장할 것인가?

비즈니스를 경험한 경영자들은 새롭게 만드는 것보다 버리는 것이 어렵다는 것을 알게 된다. 1975년 세계 최초로 디지털카메라 개발에 성공했음에도 불구하고 기존 필름 시장을 버리지 못하고 쇠퇴의 길로 접어든 코닥의 사례에서 여실히 나타나고 있다.

그들은 더 이상 필름을 사용하지 않아도 되는 디지털카메라 기술을 개발했음에도 불구하고 왜 과감하게 전환하지 못했을까?

첫째, 현실적인 관점에서 기존 모델을 버리기 어려웠을 것이다.

'디지털카메라'라는 신기술이 장기적 관

브랜드는 변해도 마케터는 남는다

점에서 도움이 될지 모르지만 현실적으로 수용하기에 확신이 서지 않았을 것이다. 혹 자신들이 구축한 생태계를 허무는 결과가 오지 않을까 하는 두려움도 있지 않았을까?

둘째, 비록 같은 카메라 시장이지만 제조에서 판매까지 판이하게 다른 환경에 적응해야 하는 두려움이 있었을 것이다. 필름을 만드는 화공 분야의 전문가가 IT 관련 전문가르 변신하는 것은 불가능했을 것이고 이에 대한 내부조직의 갈등과 저항은 대단하였던 것으로 생각된다.

아마 내부 조직원의 소망은 기존의 시장과 비즈니스모델이 오래 지속되기를 갈망했을 것이다.

마지막으로, 기업의 입장에서 시장을 바라보는 '인사이드 아웃' 방식을 탈피하여 고객 입장에서 사업을 바라보는 '아웃사이드 인' 관점이 불가능했을 것이다.

한때 IBM의 기업 생명을 고작 7년으로 평가한 것은 인사이드 아웃 관점에 빠져 있을 때였다. 그들은 고객이 진정으로 무엇을 원하는지, 시장에는 어떤 변화가 일어나고 있는지 알려고도 하지 않았다.

아웃사이드 인 관점을 가지려면 다음과 같은 질문을 던졌어야 했다.

1) 시장에서 어떤 일이 벌어지고 있는가?

2) 고객은 어떻게 바뀌고 있는가?

3) 바뀌고 있는 그 이유는 무엇인가?

4) 고객이 갖고 있는 새로운 요구는 어떤 것인가?

5) 고객이 당면한 문제를 해결하고 고객의 성공을 도우려
면 어떻게 해야 하는가?

6) 법규의 변화, 떠오르는 새로운 기술, 수요의 변화, 부상
하고 있는 경쟁자 등등

7) 어떤 기회의 창이 장차 열릴 것인가?

8) 고객의 니즈와 포착, 창출까지 무엇을 해야 하는가?

버려야 할 경우 Business Model Abandonment: **세대 전환**

블록버스터와 넷플릭스의 흥망성쇠는 MZ세대의 스트리밍 전환으로 완전히 달라졌다. 노키아와 모토로라는 기존의 피처폰 하드웨어 중심의 모델을 버리지 못하고 스마트폰 시장에서 밀려나고 말았다. 그들이 장난감 같다고 무시한 아이폰에게 자신의 자리를 물려주고 말았다. 이는 기술과 소비 패러다임을 놓친 결과이다. 토스, 카카오뱅크 등장으로 '창구 기반 영업 모델'은 사라지는 추세이다.

　브랜드는 변해도 마케터는 남는다

> **확장해야 할 경우Business Model Expansion:본질은 유지하되 세대 맞춤 전략으로 전환**
>
> 스타벅스는 커피의 본질을 지키고 리유저블컵, ESG, 굿즈, 앱 주문 등으로 MZ와 알파세대를 흡수하여 확장하였다.
>
> 디즈니는 콘텐츠를 제작하되 디즈니+스트리밍, 마블, 스타워즈로 세대 차를 통한 장악을 시도했다.
>
> 나이키는 스포츠웨어의 본질 외에도 앱 기반 러닝커뮤니티, 가상운동화 NFT 등을 통해 MZ의 가치소비와 알파세대의 디지털 자산에 대응하였다.

여기에 적응하려면, 전략적 판단의 프레임워크와 통찰력이 필요하다.

먼저 핵심가치가 사라졌는지 판단하여야 한다. 핵심가치가 사라진 블록버스터와 핵심가치를 확장한 스타벅스, 디즈니의 결과는 상반되게 나타났다.

그다음으로 세대가 원하는 소비 방식이 근본적으로 달라졌는가 살펴야 한다.

기업이 디지털 네이티브로 전환하기 위해서는 기존 비즈

니스모델을 버릴 것인지 고려해야 하며, 디지털 채널 추가로 대응이 가능하면 확장도 시도할 만하다.

마지막으로 미래 세대인 알파세대가 소비자로 본격 진입할 때도 살아남을 수 있는지까지 고려하여 비즈니스모델을 전환하여야 하며 가능하다면 확장을 고려해야 한다.

여기서 오랜 통찰력을 갖춘 마케팅 스페셜리스트의 관점에서 추천하자면 MZ세대는 ESG, 경험소비, 브랜드가치 재설계 등을 통해 확장 전략을 구사하고, 알파세대는 메타버스, AI, 가상자산을 통해 시장을 전복할 새로운 비즈니스모델을 창출하도록 이중전략Dual Strategy을 실험적으로 구축하는 것도 제안할 만하다.

만약, 당신의 기업이 다음 질문에 2개 이상 해당된다면 과감히 버려라!

핵심 고객 세대가 더 이상 사용하지 않는 모델인가?

디지털 전환으로 고객 접점이 근본적으로 사라졌는가?

새로운 경쟁자가 완전히 다른 방식으로 시장 표준을 바꿨는가?

기존 모델 유지 비용이 수익 대비 과도하게 높아졌는가?

고객이 불편, 불합리하다고 인식하는데, 개선의 여지가 거의 없는가?

만약, 당신의 기업이 다음 질문에 2개 이상 해당된다면 과감히 확장하라!

핵심 제품, 서비스 가치는 여전히 유효한가?

소비 방식과 채널만 달라졌고, 본질은 유지할 수 있는가?

디지털과 세대별 맞춤형 접점을 추가할 수 있는가?

브랜드 신뢰도와 자산이 여전히 세대 간 통한다고 평가되는가?

확장으로 신규 수익원을 창출하거나, 미래 세대와 연결할 수 있는가?

빅블러BigBlur,
경계를 허문 기업들의
생존 성과

빅블러는 여러 측면에서 동시다발적인 힘이 작용하여 생산자와 소비자, 기업별 규모, 가상세계와 현실세계, 각종 서비스 분야를 중심으로 서로의 경계가 급속하게 허물어지는 현상을 말한다. 이는 기업이나 마케터의 입장에서 보면 불안하고 충격적인 현상이다. 왜 이런 현상이 발생했을까? 그것은 다름 아닌 기술의 혁신과 디지털기술의 발달이 원인이었다. 현대인이라면 대다수가 매일 사용하는 스마트폰을 비롯해 인공지능, 사물인터넷, 빅데이터 등 첨단 기술이 산업 곳곳에 스며들어 기존 산업의 경

    브랜드는 변해도 마케터는 남는다

쟁력을 흔들고 산업구조를 개편하는 것이다.

이렇게 되면 자연적으로 산업 카테고리가 해체되고 소비자의 요구에 따라 빅블러 현상이 가속화된다. 예를 들면 자율주행 자동차는 단순 이동수단 이상을 원하는 소비자에게 삶을 즐기는 문화생활 공간으로 인식되며 이를 반영해 인포테인먼트(infotainment: 정보와 오락 접목) 시장이 성장하게 된다. 더불어 인포테인먼트 자동차는 소비자의 다양한 경험 욕구를 충족시켜주기 위해 미디어콘텐츠와 융합된 형태로 제조된다.

빅블러 현상에서 한 가지 특이점은 플랫폼 중심으로 경쟁한다는 것이다. 말하자면 고객 경험을 통합 제공하는 플레이어가 주도한다.

먼저 빅블러 시대에 성공적으로 살아남으려면 공통적으로 '경계 허물기' 후 생존성 강화 전략을 사용하여야 한다.

그 전략으로는 첫째, 제품 중심에서 벗어나 고객의 생활 전 과정을 장악해야 한다. 즉 고객 경험을 중심으로 펼쳐 나가야 한다는 말이다.

둘째, 하나의 카테고리를 넘어서는 서비스 허브를 구축해야 한다. 이를테면 카카오톡이 올인원 생활플랫폼으로 자리 잡은 이유가 그것이다.

셋째, 데이터와 기술을 활용하여야 한다. 고객데이터를 기반으로 끊임없이 확장하는 AWS(아마존웹서비스), 테슬라를 보면 산업 전환의 도구는 데이터와 AI임을 간파하게 된다.

마지막으로 빠른 피봇(Pivot: 기존의 전략을 과감하게 수정해 새로운 길을 모색하는 변화)과 실험 정신이다. 아마존의 수많은 신규 사업은 실패하고 수정하며 확장하는 프로세스를 거쳤다.

그렇다면 빅블러 시대에 경계를 허물어 생존성을 강화한 기업 사례는 어떤 게 있을까?

한국의 아마존이라 불리는 쿠팡의 경우 드라마, 영화 등 콘텐츠를 시청할 수 있는 OTT서비스 쿠팡플레이를 출시해 문화산업의 경계를 무너뜨린 대표적인 사례가 되었다.

포탈업체임에도 네이버는 기존 소셜커머스 사이트인 쿠팡, 11번가, G마켓을 제치고 온라인쇼핑뿐 아니라 금융, 콘텐츠(웹툰/웹소설), 클라우드, AI, 로보틱스 등 다양한 분야로 비즈니스를 확장하여 복합적 디지털 플랫폼 기업으로 진화 중에 있다.

카카오는 한국형 슈퍼앱 모델로 메신저, 금융(카카오뱅크, 페이), 모빌리티, 콘텐츠(웹툰, 음악), 커머스까지 생활 속에 깊숙이 파고들고 있다.

테슬라는 단순 차량 제조업체가 아니라 에너지, 모빌리티,

AI 생태계 기업으로 재정의 된다.

애플은 IT 제조업에서 금융Apple Pay, 헬스케어Apple Watch, 콘텐츠Apple TV+ 등으로 하드웨어와 소프트웨어 그리고 서비스 생태계를 융합시켜 초고객 충성도를 확보했다.

아마존Amazon은 온라인서점을 시작으로 유통, 클라우드AWS와 헬스케어, 엔터테인먼트 등으로 거대한 플랫폼 확장을 시도하여 글로벌 생활 인프라에 확고한 지 위를 포지셔닝했다.

위의 사례에서 볼 수 있듯이 기업이 빅블러 시대에 성존하고 적응하기 위해서는 경계 밖 경쟁자를 주목해야 한다. 더불어 디지털 기술을 가치사슬에 접목하여 전사적인 혁신 활동을 고취해야 한다.

또한 생산을 최적화하거나 제품을 지능화하여 신규 서비스 모델 설정과 서비스를 고도화하는 일을 게을리해서는 안될 것이다.

애플의 경우 원천 기술을 높여 융합의 핵심기술로 부상시키는 고유의 시장 전략을 가지고 있는데 "통합하는 지점을 찾아내고 그 주변의 핵심기술을 찾아내는 것을 아주 좋아한다." 라는 CEO 팀 쿡의 말은 빅블러 시대에 권장할 만한 전략이라 말할 수 있을 것 같다.

더 이상
고갱님은 없다

과거 고객顧客의 정의는 단순하게 상품의 구매자로 정의하였다. 그러나 현재 고객의 의미는 변질되었으며 '갑'처럼 느껴졌던 전통적 페르소나는 효력이 약화되었다.

기존에 고객을 예측하기 위해 실행되었던 면접, 조사, 데이터마이닝(date minining: 대규모 데이터에서 의미 있는 패턴, 관계, 규칙 등을 추출하는 과정)도 때론 속수무책이다. 한마디로 고객의 속마음을 알 수 없다는 것이 요즘 고객에 대한 정설이다.

먼저 소비자의 역할을 살펴보면 관찰자이며 생산자(크리에이터)로서 전환된 지 오

브랜드는 변해도 마케터는 남는다

래이며 심지어 편집적인 기능으로 시장을 주도하기도 할뿐
더러 커뮤니티 멤버로서 위력을 발휘하기도 한다.

고객의 본질은 거래(또는 교환) 중심에서 어떻게 변해갔는
가? 이 질문에 업그레이드된 고객의 중심은 '관계, 참여, 경험'
의 세 축이다. 이 가운데 고객 참여는 고객이 수동적 대상에
서 시장에 함께 참여해 나가는 공동 창조자Co-Creator로의 변
환을 의미한다. 이는 기업과 고객의 변화가 흐려지고Big Blur,
브랜드 가치 창출에 고객이 직접 참여한다는 증거이다. 그렇
다면 고객은 어떤 형태로 참여할까?

첫째, 제품 개발 단계에 참여한다.

레고 아이디어스Lego Ideas는 레고 팬들이 직접 아이디어를
제안하고, 팬 투표에서 일정 득표를 넘기면(1만 표 이상) 레고
사가 공식 제품으로 출시하는 크라우드소싱(crowdsourcing: 대
중의 집단지성과 창의성을 활용하는 혁신적 경영 기법) 플랫폼이다.
현재 레고 아이디어스에 백제 금동대향로가 올라와 있다.

이렇듯 아이디어 공모나, 오픈이노베이션 등을 통해 변화
된 고객을 발견하게 된다.

둘째, 콘텐츠 생성UCC: User-Generated Content이다.

말하자면 해시태그 챌린지라든지 리뷰 등인데, 틱톡 댄스
챌린지, 무신사 리뷰 커뮤니티가 그것이다.

셋째, 나이키런클럽NRC과 같이 팬덤이나 동호회, 서포터즈를 운영하거나 고객의 행동 데이터나 피드백을 기반으로 UX(User experience: 사용자경험)나 UI(User Interface: 눈에 보이는 디자인)를 개선해주는 방식이다. 최근 토스와 카카오의 UX 개선이 바로 그런 예이다.

마지막으로 고객은 ESG나 사회적 가치 활동에 동참한다. 예를 들면 스타벅스의 리유저블컵 캠페인 같은 경우 브랜드 가치를 강화한 대표적 사례로 꼽힌다.

이런 예를 보더라도 고객은 더 이상 일방적으로 서비스를 받는 존재가 아니라는 것이다. 어찌 보면 브랜드의 공동 설계자라고 할까? 이제 고객 가운데 MZ세대는 가치와 경험을 중심으로 참여하고 있고 미래 세대라 일컫는 알파세대는 창작, 게임, 몰입 경험에서 고객의 전환을 유도하고 있다.

이제, 고객이 어떤 이유로 변화했으며 변화의 내용은 무엇인지 들여다보자.

디지털시대에 접어들면서 자주 마케터들의 입에 오르내린 것은 '고객의 개인화'였다. 이는 고객 한 사람 한 사람의 취향, 행동, 데이터, 상황을 반영해 맞춤형 경험을 제공하는 전략을 말한다. 단순히 고객 세분화를 넘어 개인의 고유한 특성을 이해하고 대응하는 단계라 설명할 수 있다.

    브랜드는 변해도 마케터는 남는다

개인화의 핵심적 요소는 AI, 빅데이터를 통해 '이 고객이 지금 원하는 것'을 예측하는 데이터 기반의 이해이며 아마존의 "이 상품을 구매한 고객은 이런 것도 샀습니다."라는 추천 방법이다. 아울러 고객이 지금 앱이나 웹에서 무엇을 하고 있는지 즉각적으로 맞춤형 메시지와 제안을 제공하는 실시간 개인화도 핵심적 요소이다. 이를테면 어디서든 동일한 개인화 경험을 제공할 옴니채널(오프라인, 오프라인, 모바일, PC)도 같은 경우이다. 이렇게 되면 다음 시대는 소위 고객 역량 Customer Empowerment Era의 시대를 맞이하게 될 것이다.

과거 기업은 제품과 정보, 그리고 미디어인 채널을 통제하여 고객을 설득하였지만 현재에는 고객이 정보와 데이터, 그리고 플랫폼을 통해 의사를 결정하고 자신들의 팔로우를 통해 영향력과 창조력을 행사한다. 이것은 결론적으로 고객이 시장 설계자로 부상하였다는 증거이다. 그렇다면 진정, 고객은 어떤 힘을 가지고 있는가?

첫째, 고객은 브랜드를 평가하고 확산할 정보의 힘을 가지고 있다. 그들은 온라인 리뷰, 커뮤니티, SNS를 통해 기업보다 더 빠르게 시장 반응을 얻어낼 수 있다.

둘째, 이들에게는 플랫폼, 구독, 글로벌 경쟁으로 대체재가 무한하며 충성도가 낮을 뿐 아니라 브랜드 전환율이 높은, 기업의 입장에서 보면, 선택의 힘을 보유하고 있는 것이다. 마지막으로 기업이 두려워하는 것은 기업의 영역을 넘어선 창조의 힘이다. 이들은 소비자이자 생산자Prosumer를 자처하고 나섰다. 그렇다면 어떻게 해야 기업은 고객 역량 시대에 살아남을 수 있을까?

먼저 투명성을 위한 신뢰 기반의 경영이 작동해야 하며 제품과 서비스를 공동으로 창조해야 한다. 특히 개인화 과정에서는 고객이 통제권을 갖도록 설계해야 하며 고객에게 일방적으로 충성도를 강요하지 않고 브랜드를 옹호해주는 집단으로 진화시켜주는 전략이 좋다. 또한 빠르게 피드백을 진행하고 이를 다시 고객에게 검증하도록 하여 명실공히 설계자로서 고객의 지위를 확보해 주는 것이다.

결론적으로 고객은 더 이상 고갱님도 아니고 고객님도 아닌 '시장 설계자'라는 인식의 대전환이 있어야 하겠다. 넷플릭스가 시청자 데이터를 통해 콘텐츠 제작을 결정한 것도 바로 이를 염두에 둔 아주 명료한 전략이라 할 수 있다.

　　　　　　　　　　　브랜드는 변해도 마케터는 남는다

기술 문명은 어떤 기회와 갈등을 초래했는가?

내 서재에는 두 장의 사진과 그림이 걸려 있다. 하나는 1904년 뉴욕 시내에 주행하는 단 한 대의 자동차 사진이다. 물론 그 주위에는 마차들이 거리를 채우고 달리고 있다. 그 옆 사진은 1917년 단 한 대의 마차가 대조적으로 거리를 지나가고 있다. 이 사진들은 13년 만에 바뀐 동일한 장소에서 찍은 사진으로 급격한 변화를 말해주고 있다. 또 하나의 그림은 기술 문명으로 전반적으로 어떻게 변했는지를 1차 산업혁명에서 4차 산업혁명까지 한눈에 볼 수 있게 그려진 그림이다.

1차 산업혁명 시대에는 기계식 생산을 위해 수많은 석탄이 기차에 실려있다. 당시 영국 철 생산량이 1760년에는 30,000톤에 불과했는데 1810년 1,000,000톤을 기록했다. 무엇이 산업 전반에 동력을 제공했는지 여실히 보여주고 있다.

2차 산업혁명에는 근로자가 등장한다. 대량 생산이 화두로 역시 주류는 자동차였다. 자동차는 영국에서 개방되었지만 영국의 도로 상황과 법적 규제가 자동차 발전을 규제하였다. 당시 영국에서는 '레드플래그법(일명 붉은 깃발법)'으로 알려진 증기자동차법이 통과되었는데 이는 자동차의 속도를 제한하고 자동차 앞에 붉은 깃발을 든 사람이 걸어가도록 요구하는 전근대적 규정이었다. 이런 규제는 자동차 발전을 억제했고 자동차 산업에서 영국이 주도권을 잃게 만든 주된 요인이었다.

반면 미국에서는 자동차가 빠르게 대중화되었다. 이 과정에서 이를 주도한 인물이 포드Henry. Ford였다. 그는 1908년에 모델 TModel T라는 자동차를 출시했다.

그들이 개발한 벨트컨베이어 시스템은 생산 비용을 획기적으로 낮춤으로 그들이 꿈꿔왔던 '모든 사람들이 탈 수 있는 자동차'를 실현시켜주었다.

3차 산업혁명은 정보화 시대로, 기계나 설비의 자동제어에

   브랜드는 변해도 마케터는 남는다

사용되는 장비제어장치Programmable Logic Controller가 산업 현장에 개설되었다. 현재 2025년에는 모든 현장에 1조가 넘는 센서가 연결되어 있다. AI, 빅데이터 등 초개인화 시대라 불리는 소위 AI시대의 큰 물결에 떠밀려 서 있다.

사진과 그림을 번갈아 보면서 포드가 했던 말을 도새기곤 한다. "결코 지치지 않고 먹이를 주지도 않아도 되는 말을 상상해 보라Imagine a horse that never tires and doesn't need to be fed."

그렇다면 기술 문명은 우리에게 어떤 기회를 몰고 왔는가?

첫째, 생산성과 효율성을 증대해 주었다.

산업혁명 당시 증기기관과 기계화는 인류의 생산력을 폭발적으로 높였다. 그러나 숙련 수공업자들이 저임금 단순 노동자로 전락하거나 실지 위기에 처해 러다이트Luddite라는 기계 파괴 폭동을 일으키기도 하였다.

오늘날 AI, 자동화, 클라우드 기술은 효용성이라는 측면에서 기술 문명의 특장점을 부각시켜 주고 있다. 아울러 소수 지식인이나 권력층이 향유했던 지식이나 정보 접근을 가능하게 하였는데 인터넷, 스마트폰, 검색엔진, SNS 등으로 학습하거나 창작, 발언 등에도 누구나 참여할 수 있는 열린 문화, 더 나아가 민주화를 가능하게 하였다.

아무래도 기술 문명의 혜택은 의료기술 발전과 교통통신

의 발달이라 말할 수 있다. 전자의 경우 평균수명이 연장되고 질병을 극복할 기회가 늘어났다는 것이고 후자는 공간적 제약을 극복할 수 있을 뿐 아니라 전 세계적 네트워크가 가능하게 되었다는 것이다.

아울러 디지털 플랫폼, 바이오테크, 친환경 에너지 같은 새로운 생태계가 만들어졌으며 미래 산업과 관련된 신직업군을 창출해 주었다.

기술 문명에서 비롯된 갈등으로는 AI, 자동화로 인한 일자리 감소가 있다. 특히 단순노동이나 중간층 일자리가 공격을 받을 것이며 기술 활용 능력이 있는 사람과 소외된 사람과의 불평등 문제가 도출될 것이다.

여기에 편리함 뒤의 개인정보 침해라든가 영화에서 보았던 빅브라더(big brother: 개인의 정보를 독점하여 사회를 통제하는 권력)사회가 조성될까 우려된다. 더불어 알고리즘 편향은 사회적 차별을 유도할 가능성이 높다.

또한 AI 친구나 가상 아바타로 인해 인간관계가 위협받는다면 나아가 창의성, 윤리적인 측면까지 물음표를 던질 수밖에 없다. 세대 간의 격차와 문화 갈등도 기술 문명이 지속되기 위해 조율해야 할 과제로 남는데 설계, 운영, 통제의 측면도 간과할 수 없을 것 같다.

　　　　　　　　　　　브랜드는 변해도 마케터는 남는다

첨언하여 마케팅 스페셜리스트의 관점에서 기술 문명의 장단점을 고려하여 기업에 제언한다면 다음과 같은 내용일 것 같다.

1) 데이터를 활용한 혁신과 초개인화 경험 제공

2) 투명성과 프라이버시 보호로 신뢰 확보

3) 고객과 사회와 함께하는 공동창조Co-Creation

4) AI 윤리와 알고리즘 편향에 대한 리스크 관리

위기에서 본질을 강조한 스타벅스 하워드 슐츠의 위대한 결단

"우리는 성장에만 집착한 나머지, 기업의 핵심가치를 점점 놓치고 있었다. 경영진의 결정에서, 각 매장에서 그리고 고객들의 모습에서 스타벅스의 설립 기반이 되어준 고유의 특성들이 점차 사라져 갔다. 우리가 만들어 내는 것들이 우리 자신의 삶을 변화시키듯 다른 사람들의 삶도 변화시켜야 하지 않겠는가?

지금껏 스타벅스는 커피 이상의 가치를 추구해 왔다. 회사의 직원들을 생각할 때면 언제나 떠오르는 단어가 있다. 바로 사랑이다. 나는 진심으로 스타벅스와 파트너들을 사랑한다. 우리가 지금껏 노력해온 모든 과정에 사람에 대한 애정이 담겨있다.

2008년 다시 스타벅스의 CEO가 되었을 때, 나는 다시금 모든 사람들이 스타벅스와 사랑에 빠지길 간절히 바랐다. 오직 그 한 가지 바람으로 엄청난 타격을 예상하면서도 미국 전역의 매장을 일제히 닫기로 결심한 것이다. 나는 두려움을 떨쳐냈다. 그리고 그 자리에 마치 카드를 뒤집기 직전의 겜블러처럼 기대감과 희망을 채워 넣었다. 어떤 비평가들은 우리 스스로가 실패를 자인함으로써 스타벅스 브랜드의 명성을 훼손시켰다는 듯이 가혹한 논평을 서슴지 않았다. 그러나 나는 우리가 옳은 일을 했다고 확신했다. 우리 직원들에게 투자하는 것만큼 값진 일이 또 뭐가 있겠는가? 자기 자신에 대한 믿음과 옳다는 것에 대한 신념이 있어야만 모든 장애물을 뛰어넘고 멋진 삶을 펼칠 수 있다."

이 편지는 하워드 슐츠 CEO가 금융 위기와 경쟁자의 출현에도 오직 양적 팽창만 몰두하고 있는 임원에게 보낸 편지였다. 하워드 슐츠의 위대한 결단은 편지에서 언급한 대로 전 세계 매장 7,100곳을 전면 폐쇄하고 13만 5천 명의 바리스타를 대상으로 에스프레소 엑설런스 트레이닝을 실시하는 것이었다. 이것은 에스프레소 본질로 돌아가자는 신호였다. Back to Basics

이때 매출 손실은 무려 70억 원에 달했고 내부 경영진의 반발이 이어졌는데, 이런 말로 항변했다고 한다. "스타벅스에서 가장 중요한 것은 고객이 아니라 직원입니다. 경영진이 직원을 우선시한다면 직원은 당연히 고객을 우선시할 겁니다." 또한 직원들의 건강 보험료로 4,000억씩이나 드는 예산을 감축하자는 의견에도 "여러분 좀 더 깊게 생각하세요. 4,000억은 다른 부분의 비효율을 줄임으로써 충분히 충당할 수 있습니다. 여러분의 직원을 위해 더 집중하지 않으면 스타벅스 주식을 파십시오."라고 말했다고 한다.

이어 그가 과감히 실행한 것은 성장의 속도를 줄이는 것이었다. 수익성 없는 매장 600여 곳을 폐쇄하고 무분별한 확장 대신 브랜드 경험의 질을 강화하는 결단력을 발휘했다. 과거 하워드 슐츠의 의사결정은 경험에 의한 판단이었으나 2008년 실행된 스타벅스 리워드 프로그램(모바일 결제, 포인트 적립) 도입을 보면 스타벅스가 고객 데이터를 기반으로 맞춤형 서비스에 치중하고 있음을 알 수 있다. 게다가 하워드 슐츠는 사회적 가치를 재강조했다. 커피 농가와의 공정무역이라든지 환경과 사회적 책임을 강조하여 MZ세대와 정서적으로 연결시키기도 했다.

하워드 슐츠의 예를 통해 다음과 같은 교훈을 도출해 낼 수

   브랜드는 변해도 마케터는 남는다

있다.

첫째, 위기일수록 본질을 확인하라. 말하자면 고객이 브랜드를 사랑하게 된 핵심가치로 돌아가라는 말이다. 둘째, 확장의 속도를 조절하라. 결국 외형의 성장보다 브랜드 경험의 질을 높이고 리워드, 디지털 전환, ESG 등 커피 경험을 강화하기 위한 도구를 통해 속도를 최적화했다는 것. 특히 그객의 주문 상품, 주문 시간, 지리 정보, 그리고 데이터를 활용해 보다 정확하고 효과적으로 세분화된 디지털 휠 프로그램에 AI를 접목했다는 사실이다. (개인화된 프로모션) 이 밖에 데이터에만 의존하지 않고 구매자의 경험과 결합하여 기존 제품을 변형시키거나 새로운 제품 개발 제안에 활용한 것도 어려운 상황에 경영자가 어떤 철학을 구체화하였는지 생각하게 하는 예라 할 수 있다.

결론적으로 금융 위기 이후 폐점된 매장을 재개장한 것은 스타벅스의 재도약기가 되었을 뿐만 아니라 새로운 디지털 시대를 여는 변혁기였다는 점에서 하워드 슐츠의 위대한 결단이 돋보이는 부분이다.

스타벅스의 디지털 전략

1) 모바일앱&리워드Starbucks Reward

- 2009년 '스타벅스 카드'에서 2011년 '모바일 앱' 출시

- 모바일과 리워드 적립 결합/데이터 기반의 개인화(락인 효과)

2) 모바일 오더&페이Mobile Order&Pay

- 2015년 고객이 앱에서 음료를 미리 주문, 결제

- 팬데믹 이후 비대면 소비 패턴과 맞물려 급성장

3) 데이터&AI

- 고객 구매 이력, 위치, 시간대 데이터를 분석(맞춤형 추천)

- 2019년 머신러닝 딥브루Deep Brew AI 엔진 도입(전 세계 31,000개 이상 매장에서 효율적인 운영 지원)

- 매장 재고 관리/바리스타 근무 스케줄 최적화/개인화 마케팅 메시지 발송

4) 디지털 경험&커뮤니티

- 앱 내에서 고객 등급, 혜택, 게임화 요소 제공

- 고객참여형 'Starbucks Ideas' 플랫폼 운영(신제품 아이디어 반영)

리워드멤버십이 스타벅스 팬덤화에 기여

이 밖에 '세계 최대 소규모 은행'이라 불리는 스타벅스의 선불충전카드(핀테크 수준의 금융서비스)와 2022년 Web3를 통해

　　　　　　　브랜드는 변해도 마케터는 남는다

발표된 NFT 기반 로열티프로그램 'Starbucks Odyssey'는 브랜드 충성도를 높이고 재구매율을 높이는 리워드 서비스로 미래 스타벅스의 또 다른 진면목을 보여줄 것 같다.

소니 SONY의 부활,
인텔의 몰락 So What?

소니(SONY), 파산의 역사 속에서

부활의 재기를 모색하다

과거에는 삼성과 대비해 소니SONY가 반드시 소환되었다. 적어도 청춘 시절 워크맨 정도는 가지고 다닐 정도였다.

전성기 때의 소니는 삼성과 애플의 롤 모델이었으며 혁신 기업의 대명사였다. 1950~1970년대에는 혁신적 하드웨어를 제조하였으며 소비가전을 대중화한 선두주자였다. 아이팟 출시에 앞서 스티브 잡스가 "아이팟은 21세기형 소니 워크맨이다."라고 거론할 정도였다.

이 시대에 소니의 수익모델은 오로지 제품 판매였는데 마케팅 용어로 본다면 Mass Production에서 Mass Market까지 독차지한 소니의 거대한 진격, 아울러 "Made in Japan"의 혁신의 아이콘으로 손색이 없었다.

소니는 혁신적인 기업답게 시장의 흐름을 외면하지 않았다. 1980~1990년대 10년 안에 하드웨어와 플랫폼을 비즈니스모델의 핵심으로 삼았다. 기존의 워크맨뿐 아니라 플레이스 스테이션(1세대), VAIO PC(소니 특유의 디자인과 프리미엄 스타일, 경량화) 등을 생산했다. 이 시대에는 소니뮤직과 1989년 코카콜라로부터 인수한 픽처스의 콘텐츠 유통 파워가 상승했으므로 하드웨어를 결합하려는 시도는 어찌 보면 당연한 결과였다. 그러나 내부 사일로(sailo: 부서 이기주의)로 인해 이 실험은 실패하고 말았다. 훗날 경영사가史家들은 워크맨게 iTunes가 없었다고 아쉬움을 표현했다.

2000년도에 소니는 다시 한번 위기와 정체성의 혼란에 빠져 들었다. 여전히 비즈니스모델은 하드웨어(TV, PC, 휴대폰) 중심이었고 제조 판매에 의존하였다.

소위 '하드웨어 명가'라는 정체성이 발목을 잡았고 스마트폰과 디지털 전환이라는 시대적 흐름에 적응하지 못하여 브랜드의 가치는 하락하고 있었다.

그러나 소니는 여기서 주저앉지 않았다. 2010년, 그들은 내부에서 돌파구를 찾기 위해 적자가 심한 가전사업부를 과감히 버리고 콘텐츠와 엔터테인먼트 중심으로 사업을 재편했다. 한번 제작하면 다양한 채널에서 반복 사용할 수 있는 콘텐츠 산업은 끊임없이 하드웨어를 제조하는 가전사업보다 수익성이 비교가 안 될 정도로 높았다.

이미 소니는 80~90년대 흥행한 음반, 게임, 영화계 킬러IP를 보유한 제작사와 유통사를 보유하고 있었으므로 콘텐츠 수익은 누가 뭐라고 해도 최적화된 상태였다. 당시 소니의 수익모델은 구독subscription과 IP라이선스, 소프트웨어와 게임 판매 등으로 소니를 엔터테인먼트와 게이밍 기업으로 포지셔닝하기에 부족함이 없었다.

이를 가능케 한 것은 〈스파이더맨〉 같은 마블 시리즈 영화의 성공과 PlayStation4의 대흥행이었다.

그렇다면 지금 소니의 상황은 어떠하며 부활이라고 규정할 정도로 안정적인가?

현재 비즈니스모델은 엔터테인먼트와 이미지 센서 그리고 클라우드 서비스이다. 대표적인 제품은 PlayStation5와 소니뮤직, 소니픽처스, 이미지센서(스마트폰 카메라 핵심)인데, 센서의 경우 B2B로 공급하고 BTS와 애니메이션, 영화 프랜차이

　　　　　　　　　　　　　브랜드는 변해도 마케터는 남는다

즈를 아울러 병행하고 있다.

특히 2012년 17%에 불과했던 콘텐츠 사업 매출 비중이 2023년 51%로 급등하였으며(전자사업은 68%에서 34%로 축소), 여기에 머물지 않고 미래 먹거리를 위해 XR 콘텐츠 제작 지원 솔루션 'XYN(진)'을 공개하기도 했다.

13년간의 소니의 행보를 보면 과거 성공에 집착하지 않고 하드웨어 기업에서 '콘텐츠, IP & 솔루션' 업과 비즈니스모델의 재정의가 얼마나 중요한지 다시 한번 깨닫게 된다. 또한 실패 원인을 밖이 아닌 안에서 찾았다는 점에서도 많은 교훈을 주고 있다.

기술 문명 전환에 적응하지 못해 강자의 자리에서 물러난 인텔

인텔과 관련해 안타까운 일화가 있다. 2005년 PC용 CPU(central processing unit: 중앙처리장치) 시장의 절대 강자로 칸탄한 입지를 다졌던 인텔에 엔비디아 인수 제의가 들어왔다. 당시 엔비디아는 실리콘밸리에서 그래픽처리장치GPU로 유명한 신생기업이었다. 인수 대금은 200억 달러(약 29조).

그러나 다른 기업을 인수한 전례가 없는 데다 엔비디아의 주력 상품인 GPU(Graphics Processing Unit: 그래픽처리장치)가 인공지능AI시스템을 지배할 것이라는 의견이 이사회에 먹히지 않았다. 왜 그랬을까?

더욱 뼈저린 것은 7~8년 전 오픈AI 투자를 주저한 건이었다. 2017~2018년까지 오픈AI 지분 15%를 10억 달러에 매입한다는 협상을 진행했다. 협상 옵션 중에는 하드웨어를 인텔이 원가에 제공할 경우 오픈AI 지분을 추가로 15% 준다는 방안도 포함되었다고 한다.

하지만 당시 CEO였던 밥 스완은 생성형 AI가 가까운 미래에 출시될 것으로 보이지 않는다며 거래를 접었다. 시대의 변화를 외면한 지나친 자만심이 아니었을까?

인텔의 황금기는 1990~2000년대 초반까지로 글로벌 반도체 1위를 차지했고 고마진의 구조로 승승장구했다.

당시 'Intel Inside'는 PC 시대의 상징이었다. 아울러 공동 창업자 중 한 사람인 고든 무어가 만든 '무어의 법칙(반도체 성능은 2년마다 두 배로 증가한다.)'은 반도체 시장을 평정하는 황금률이었다.

놀라운 것은 인텔은 21세기 내내 2,000억 달러를 유지했으며 반도체 설계에서부터 생산까지 자급자족할 종합반도체 기업으로 군림했다.

그러나 2010년대 이후 인텔은 PC 시장의 포화와 모바일, AI 반도체로의 전환에 뒤처지며 매출과 시장점유율이 급락

 브랜드는 변해도 마케터는 남는다

하였음에도 불구하고 자신들의 주력상품인 X86을 그집하였다. 이런 연고로 PC용 CPU의 매출은 줄어들고 대신 데이터 서버용 CPU 쓰임새가 증가했다. (이 시장은 결국 AMD기업으로 넘어갔다.)

한 가지 뼈아픈 것은 AI 스마트폰, 태블릿 시장을 완전히 상실했다는 것이다.

따라서 2010년부터 인텔의 경쟁력은 TSMC와 삼성에 뒤처지기 시작했고 라이젠칩Ryzen이 성공되어 PC CPU 시장에 재도전했지만 기술 리더의 이미지는 어이없이 붕괴되고 말았다.

문제는 인텔이 지나치게 시장 변화를 안일하게 보았으며 과거 성공 방정식에 빠져 비즈니스전환에 실패했다는 사실이다. CPU 시장이 GPU, AI가속기, ARM서버(저전력 모바일 중심 구조로 스마트폰, 태블릿, 초경량 노트북에 탑재)로 바뀜에 따라 그들이 한때 인수하려 했던 엔비디아와 ARM, 애플 자처 칩이 주도권을 잡는, 인텔로 보아서 회복하기 어려운 상황이 벌어졌다는 것이다. 또 하나 문제는 '종합반도체기업'의 한계를 드러냈다는 사실이다. 설계부터 제조까지 수직계열화의 시스템으로 구성된 인텔에 비해 남의 설계를 받아 반도체를 만들어주는 '파운드리' 기업들이 본격 성장하게 되었다는 것이다.

일례로 대만의 TSMC가 애플의 스마트폰용 반도체AP를 생산하여 고객을 늘렸고 세밀한 반도체를 만드는 노하우를 쌓았다는 사실이다.

WEEKLY BIZ는 "인텔의 가장 큰 문제는 반도체 설계와 제조까지 만들던 모델에 집착한 것이다."라고 지적하였다.

여전히 인텔의 앞날은 안갯속이다. 경영난에 구원투수로 '반도체 왕국 재건'을 꿈꿨던 CEO 겔 싱어는 경질되고 후발주자인 퀄컴에 인수될 수 있다는 어두운 전망마저 나오고 파운드리 사업 분사와 철수까지 논의되고 있다.

한때 혁신적인 기업으로 시장을 선점하였던 두 기업의 흥망성쇠는 우리에게 깊은 반면교사로 남을 것 같다.

MZ, 아이돌 덕질하듯
브랜드를 디깅하다

필자가 광고카피라이터로 일할 때, 그리고 마케터로 일할 때 기억나는 학자의 말이 있었다. 로벨게론! 그는 "현대인이 숨 쉬는 공기 속엔 산소, 질소, 광고가 존재한다."라고 일갈했다. 그만큼 홍수처럼 광고가 넘쳐 흐른다는 것이다. 그 후 전문가들 사이에는 "홍수가 나도 마실 물이 없다."라는 말이 흘러나왔다.

당시 전문가들은 마케팅 전략을 수립하거나 광고를 제작할 때 3가지 사회적 기능을 염두에 두어야 했다.

첫째가 정보의 기능(당시 정보의 기능은 기업

중심의 폐쇄적인 정보)이었으며, 그다음이 설득의 기능이었다.

돌이켜 보면 당시 광고 하나, 전략 한 줌에 설득이라는 미명하에 묻지도 따지지도 않은 고객이 있었던 것 같다. 언감생심焉敢生心 '설득'이라니…. 대중매체 중심의 일방향적인 메시지에도 고객은 기꺼이 동조해 주었다. 따라서 고객 충성도라는 용어는 마치 고객으로부터 받은 훈장 같은 것이었다. 그 의미는 '고객이 기업을 통해 경험한 긍정적 경험 및 고객의 신뢰를 얻기 위한 기업의 노력의 산물'이라 규정하였다.

마지막으로 오락의 기능이 반드시 따라 주어야 했다. 먼저 즐거워야 했다. 냉철한 이성과 정보에 의해 선택되는 제품에 즐길 수 있는 유머는 마치 지금의 토핑 같은 존재였다. 문제는 광고든 마케팅이든 시선을 붙드는 것, 즉 주목을 받아야 했다.

인간의 두뇌는 용량이 한정되어 있어 외부로부터 오는 자극을 모두 받아들이지 않는다. 따라서 선택적으로 자극을 받도록 창조주가 명령해 놓았다. 이를 선택적 지각selective perception 현상이라 한다. 고객들은 신선하게 와닿거나 혹은 필요성이 있다고 느껴질 때 반응을 보인다. 특히 브랜드와 연관되면 그러하다. 브랜드의 기능은 첫째 식별의 기능으로 다른 제품과 기업을 구분하는 역할을 한다. 네이밍, 로고, 색상이 브랜드를 구분하는데 스타벅스의 그린로고는 인식의 영역에서 작동케 한다. 또한 브랜드의 가장 큰 기능은 차별화Differentiation이다. 경쟁사와의 차별적 가치를 부여하는데 이는 단순히 제품 성능만 의미하는 것이 아니라 브랜드 이미지, 스토리, 경험이 핵심 요소이다.

그 예로 IKEA를 떠올릴 때 합리적인 가격과 DIY 경험을 중시하는 것을 들 수 있다. 이 밖에 우리가 도요타자동차 브랜드를 통해 차의 내구성을 믿거나(신뢰/보증 기능) 파타고니아를 통해 환경 가치를 연상하는 것은 일종에 브랜드가 가지고 있는 상징의 기능Symbolic Function이다.

최근 우리는 나이키런 클럽이나 스타벅스의 리워드를 통해 브랜드는 단순한 거래가 아니라 관계의 매개체임을 깨닫게 되었다. 브랜드를 통해 커뮤니티나 팬덤 그리고 멤버십을 통해 장기적인 관계를 유지하는 케이스이다.

마지막으로 디즈니가 캐릭터 IP를 통해 영화, 굿즈, 테마파크 등으로 확장하는 것을 보면 브랜드의 가치 창출Value Creation 기능 사례를 알 수 있다. 한마디로 기업 브랜드는 재무적 자산을 창출한다고 보아야 한다.

브랜드의 총체적인 기능은 광고나 마케팅 전략에 있어 최종 목표가 될 수밖에 없다. 이를테면 제품과 서비스가 구분되고, 차별화되며, 신뢰를 보증할뿐더러 상징 제공 및 경험 설계 그리고 가치를 창출한다면 무엇이 부족하겠는가? 그러나 과거의 커뮤니케이션 기법이 고객이 광고를 통해 구매하는 일방향 구조였다면 현재는 광고에 의존하지 않고 고객 스스로 정보를 탐색하고 검증한다.

최근 'MZ세대의 브랜드 디깅Brand Digging'은 광고나 마케팅의 인위적이거나 통상적인, 더 나아가 비용구조의 틀을 일거에 보내버렸다.

이제 고객은 일방향의 설득의 대상이거나 아님 당하는 수동적인 존재가 아니라 브랜드의 뿌리, 즉 철학, 스토리, 정체성까지 캐내는 적극적인 설계자요, 행위자라 할 수 있다. 따라서 브랜드를 깊이 파고들어 탐구하고 이해하는 과정을 우리는 브랜드 디깅이라 정의한다.

MZ세대는 브랜드의 팬이 되면 아이돌 덕질하듯 디깅을 한다. 신상품이 나오면 나서서 동네방네 홍보해주고 화보 수준의 리뷰 사진을 찍어주기도 한다. 나아가 자신의 정체성을 최애브랜드로 규정할 정도로 진심을 다한다.

여기서 드는 의문 한 가지가 있다. 왜 이들은 돈 한 푼 안 받고 댓글을 쓸까? 결론은 또래집단의 영향을 받고 이 행위를 통해 다른 친구에게 영향력을 미치고 싶어 한다는 것이다.

 브랜드는 변해도 마케터는 남는다

대학내일 20대연구소의 연구 결과에 따르면 Z세대는 클린징 제품을 고를 때 '실속'보다 '인지도'와 '또래 이미지'를 중요하게 여긴다고 한다.

그렇다고 하면 기업에게 있어 브랜드 디깅하는 MZ세대 팬이 생긴다고 하면 수천, 수만 명의 홍보팀 직원보다 열정적인 서포터즈가 생기는 것과 같다고 보아도 무방할 것 같다. 반복하면 '나만이 아는 브랜드의 숨은 이야기'를 발견하면서 팬덤과 충성도가 강화되는데 이 과정을 통해 광고에 휘둘리지 않을뿐더러 소속감과 애착을 가짐으로써 브랜드 충성도가 한층 더 높아진다.

그렇다면 마케터는 브랜드 디깅을 촉발해주기 위해 어떤 전략을 구사해야 하나? 먼저 디깅하는 접점에 브랜드 본질, 핵심가치를 정리해주고 과거의 자료나 스토리, 아카이브, 상징코드를 설계해 준다.

일례로 스타벅스 하워드 슐츠의 '이탈리아 에스프레소 경험'이나 '리워드' 제도의 탄생 배경은 팬덤화의 핵심 스토리가 되었고 애플의 스티브 잡스나 디자인스토리는 고객이 찾아내고 전파하는 브랜드 디깅의 대표적 사례가 되었다.

MZ세대는 소비를 통해 자기 정체성과 사회적 신념을 표현한다. 이들은 단순히 상품을 구매하는 것이 아니라 사회적 메시지를 전달하려고 노력한다. 이를 미닝아웃Meaning Out이라 하는데 이를 가능케 한 것은 소셜미디어의 영향이 크다. 더불어 사회적 파급력 확장이라는 측면에서 기대할 만하다.

흥미로운 사실은 이 미닝아웃과 브랜디 디깅이 상호 연관성이 있다는 사실이다. 이들이 지향하는 브랜드는 태도stance로서 이 브랜드가 내 가치관과 맞는가가 선택의 기준이 된다. 요즘 MZ세대는 브랜드 디깅을 통해 미닝아웃함으로 자기 선언을 시도한다고 보는 것이 옳다.

1등의 자리를 내놓은 나이키의 자만

한때 스포츠웨어 시장의 독보적인 리더였던 나이키는 2017년부터 D2C(Direct-to-consumer: 소비자 직접 판매) 전략을 강화하여 유통업체를 대거 정리하고, 디지털(앱, 온라인몰)과 자사 판매 채널 중심으로 전환했다. 왜 그들은 D2C 전환에 강하게 드라이브를 걸었을까? 먼저, 고객 데이터 확보가 용이했을 것이고 이는 데이터 기반의 맞춤형 마케팅으로 연결되었을 것이다. (경쟁사 대비 차별화의 한 전략)

예를 들면 나이키의 NRC(나이키 런클럽), NTC(나이키 트레이닝 클럽), 스니커즈SNKRS앱은 소비자와의 직접 소통을 위한 디지털 중심의 마케팅 전략이었다. 아울러 중간 유통업체의 할인 정책을 없애고 브랜드 가격 정책을 직접 통제할 수 있다는 것은 나이키의 입장에서는 효용성 있는 성과였을 것이다.

또한 마진의 극대화는 나이키로서는 피하기 어려웠을 것 같다. 앞서 언급한 대로 이들은 유통 파트너를 축소했다. 기존에 Foot Locker, Dick's Sporting Goods, 백화점 등을 통해 제품을 유통한 전례를 접고 2017년부터 기존의 3만 개 이상의 유통업체 수를 약 40개로 대폭 줄이자마자 자사 플랫폼 중심으로 전환했다. 이는 주요 리테일러(도매상)와 협력을 축소하고 고객을 직접 만나겠다는 목표로 매장과 앱을 강화한 실질적인 결과였다.

나이키의 D2C 전략은 처음에는 기대를 모았지만 실제로 시장에서는 예상만큼의 성과를 올리지 못했다. 물론 단기적 성과는 있었다. 코로나19로 오프라인이 닫히자 온라인 D2C 매출이 폭발했다. 그러나 그것은 일시적인 성공으로 이후에 디지털 중심 전략은 한계를 드러내기 시작했다. 디지털 마케팅 비용이 급증했고 기대했던 수익성은 확보하지 못했다.

아울러 D2C를 강화하면서 나이키의 자체 물류망 운영은 비효율적이었으며 재고 관리도 어려움에 봉착했다. 이 전략

　　　　　　　　　브랜드는 변해도 마케터는 남는다

이 추진되는 과정에서 주가는 지속적으로 하락했고 투자자의 신뢰는 하락했다.

문제는 나이키멤버십과 스니커즈SNKRS앱을 통한 구매 경험은 기존의 고객에게는 긍정적이었을지 몰라도 새로운 소비자 영입에는 그다지 큰 힘을 발휘하지 못했다.

코로나19 이후 소비자가 다시 다양한 채널에서 구매를 원한다는 사실을 간과하였다. 리셀러(reseller: 온라인 오픈마켓에서 한정판이나 인기상품을 비싸게 되팔아 수익을 올리는 사람) 채널 축소는 매출 공백을 만들었고 이 틈을 타 뉴발란스와 퓨마, 언더아머, 호카(하이테크러닝화 브랜드) 등은 젊은 소비자층을 공략하며 자신만의 점유율을 늘려갔다.

특히 뉴발란스는 스트리트 패션 트렌드와 결합하여 나이키를 위협하는 경쟁자가 되었다. 이는 고객이 접근성과 편의성이 높은 브랜드로 이동하였다는 반증이다.

결론적으로 나이키의 "모든 고객을 직접 소유하겠다."라는 오만은 생태계를 파괴하고 고객경험을 약화한다는 사실과 소비자는 '브랜드가 원하는 채널'이 아니라 '자신이 편안한 채널'에서 구매한다는 것을 교훈 삼아도 좋을 것 같다.

그렇다면 나이키는 D2C 전략 이후 어떤 대응책을 모색했는가?

일단 전략 실패 이후 경쟁 브랜드는 성장한 반면 안타깝게도 나이키 소비자 접근성이 저하됐으며 실적 부진 등 복합적인 위기가 다가왔다.

따라서 이 위기를 극복하기 위해 전면적인 D2C올인 전략에서 물러나 온라인, 오프라인을 아우르는 다양한 유통채널(멀티채널/옴니채널)을 확보해 소비자의 접점을 넓혀가고 있다. 아울러 나이키런클럽NRC, 트레이닝앱을 강화하여 단순 거래가 아닌 커뮤니티 경험을 확대해 나가고 있으며 브랜드 매장과 온라인몰을 연계한 체험형 매장과 인증샷 매장 등 '경험형 매장'을 확대하였다.

또 하나 웨어러블, 스마트슈즈, 메타버스, NFT실험 등을 통해 고객참여형 디지털 경험을 제공하고 있다는 점은 나이키의 앞선 전략이라 여겨진다.

결론적으로 우리가 인지해야 할 교훈은 1등 브랜드도 자만하면 무너진다는 것과 현실적인 조정과 본질 회복이 생존의 길이라는 것도 더불어 배우게 된다.

아마존은 아마존대로, 월마트는 월마트대로

아마존일까? 월마트일까? 만일 글로벌 두 회사를 벤치마킹한다면 상반된 구조와 경쟁력을 발견하게 될 것이다. 아마존은 아마존대로, 월마트는 월마트대로….

이 두 회사를 단순 비교해 보면 출발점과 도구tool만 다를 뿐이지 디지털 경쟁력은 쌍벽을 이룬다. 아래의 도표를 통해 또 다른 전략과 경쟁력을 배울 수 있다.

구분	아마존	월마트
출발점	온라인 네이티브	오프 유통 거인
핵심 자산	데이터, 클라우드(AWS)	글로벌 매장, 물류망
전략	초개인화, 플랫폼 확장	옴니채널, 로컬 강점
강점	글로벌 디지털 생태계	오프라인 기반 라스트마일
약점	물류 비용 부담, 규제 리스크	디지털DNA 부족, 속도 한계

플랫폼화로 고객 생활 전반을 장악한 아마존

먼저 아마존은 DNA 자체가 디지털인 기업이다. 스타트업의 진화라 해도 무방하다. 1994년 설립하여 초기 음반 DVD 유통망을 구축하고 2000년대에 들어와 오픈 마켓인 아마존 프라임, 아마존 웹서비스, 킨들을 연이어 출시하여 디지털 콘텐츠 시장을 석권했다. 특히 홀푸드마켓Whole Foods Market은 아마존의 디지털 전략과 오프라인 리테일 혁신을 연결하는 전략으로, 2017년 이를 인수한 것은 아마존 역사상 최대규모의 M&A를 기록했다고 평가받고 있다. 아마존은 오래전부터 온라인 침투율이 (미국 전체 소매시장의 온라인 거래는 2%) 낮은 반면 반복 구매 빈도가 높은 식료품 시장을 장기 성장을 위한 잠재력으로 눈여겨보았다.

이는 홀푸드 고객과 아마존 프라임 고객이 지향하는 고소득, 웰빙 코드가 일으킬 시너지 효과를 감안한 마케팅 전략이었다.

실제로 홀푸드 매장에는 "Just Walk Out" 무인 결제시스템이나 아마존 프레시에서의 홀푸드 온라인 주문 배송서비스 확대, 그리고 구매 패턴, 재고 관리, 지역별 소비 특성의 데이터화는 아마존의 실질적인 디지털 역량의 예를 명확하게 보여주었다고 생각한다. 흔히들 아마존을 거론할 때 일관성 있게 미래를 예측하고 투자한 기업이라는 데 이의를 달지 않는다. 심지어 아마존드(Amazoned: 아마존에 의해 파괴되다)라 불릴 정도로 전방위적 비즈니스모델을 구사했으며 순익이 제로라도 혁신을 통해 시장을 잠식하는 시장지배자 전략은 아마존을 대표하는 용어가 되었다. 특히 개인별 맞춤 추천 기능과 원클릭 결제시스템 등 특화된 기술은 아마존을 아마존답게 사용하는 도구가 되었다.

투자의 달인 워런 버핏은 "제프 베이조스는 두 개의 사업을 동시에, 그리고 경쟁사들과 직접 경쟁하면서 사실상 리더가 되어 사업을 재정의 하고 거대 비즈니스 영역에서 성공하였다."라고 평가하였다.

디지털 거점 전략, 월마트의 핵심 전략이 되다

월마트는 "싸다Low Price."라는 경쟁력으로 전 세계 유통의 공룡으로 자리 잡은 기업이다.

이들이 성장 이유는 끊임 없는 물류시스템과 투자의 뒷받침이었다. 이를 나열해 보면 바코드 시스템, 판매 시점 관리 체제pos, 스캐너 발주시스템, 다양한 상거래 기술, 최고의 바잉 파워, 인공위성을 이용한 최첨단 물류 정보 시스템 등 월마트는 오프라인에서는 타의 추종을 불허할 강자였다. 그러나 디지털의 강자 아마존의 온라인 쇼핑은 월마트가 시대에 뒤떨어진, 구시대적 유물로 여겨지기에 충분했다. 여기에 반전이 있었다. 월마트는 무기력한 멸종위기의 공룡이 아니었다. 창고 노동자에서 글로벌 CEO가 된 월마트의 전설 더그 맥밀런은 월마트 변화의 중심에 서서 월마트의 새로운 방향을 제시하고 혁신을 이끌었다. 이를테면 온라인채널 확장을 시작으로 매장과 디지털을 연결한 AI 기업으로 거듭남은 물론 광고와 핀테크 사업으로 사업 영역을 확장해 나갔다. 일단 제트닷컴Jet.com을 인수하고 자체 클라우드와 AI 물류시스템을 도입했다. 미국 전역의 4,700여 개 매장을 거점으로 디지털과 AI를 연계하였으며 전통적인 소매업 강자에서 토탈 AI 전략을 통해 파괴적 혁신의 강자로 입지를 다졌다. 디지털 기업처럼 고객데이터 분석을 통해 수요를 예측하고 구매 시간을 최소화했을 뿐 아니라 소형로봇을 물류센터에 투입해 자

　　　　　　　　브랜드는 변해도 마케터는 남는다

동화를 구현하였다. 이 밖에 자율주행 트럭과 월마트의 트레이드마크가 된 IOT박스(스마트폰에서 저장 관리가 가능)는 월마트가 오프라인에서 온라인으로 넘어가는 변혁기에서 어떤 고민을 하고 실행하였는지 보여주는 명백한 사례라 아니할 수 없다. 이들은 오프라인 POS데이터와 온라인 구매데이터와 결합을 시도했으며 지역 밀착형 디지털 전략을 통해 로컬 소비 패턴을 분석하는 또 다른 면모를 보이기도 했다. 아울러 아마존의 프라임과 경쟁하기 위해 구독서비스를 받아들인 점은 월마트만의 스타트업과 같은 혁신이 아니었을까? 이는 건강, 금융 등 일종의 경계선을 넘은 새로운 플랫폼 기업으로 도약하는 계기가 되어 주었다.

월마트는 월마트대로, 아마존은 아마존대로 각자 다른 방식의 경쟁력을 구축하고 또는 서로 벤치마킹할 만한 자산을 만들어 갔다는 점에서 두 글로벌 기업은 존경받아 마땅하다.

기업의 협업은
전가傳家의 보도寶刀인가?
양날의 검인가?

불확실한 경영환경에서는 규모의 경제the Economy of Scale로 성공을 담보하기는 어려워 보인다. 최근 이를 극복하기 위해 서로 부족한 역량을 보완하여 신기술, 자본 네트워크를 빠르게 확보하는 것이 생존의 전략으로 평가되기도 한다.

기업은 외부 파트너, 고객, 공급업체, 심지어 경쟁사와도 전략적 협력을 통해 협업의 경제the Economy of Collaboration를 구축하는데 다양한 파트너들과의 협업을 기반으로 생태계를 확장하고, 예측 불가능한 시장에서도 탄력성과 적응력을 높인다.

 브랜드는 변해도 마케터는 남는다

한 예로 애플과 대만의 TSMC의 협업은 초미세공정 칩을 안정적으로 공급하여 경쟁사 대비 우위를 확보하였다.

협업의 장점은 먼저 시장을 확대하거나 속도를 늘릴 수 있는데, 한마디로 제휴를 통해 단기간 신시장 진입이 가능해진다. 스타벅스와 페덱스와의 제휴는 매장에서 택배 서비스를 제공하여 소비자의 접점이 확대되었다.

둘째, 리스크를 분산시킬 수 있다. 비용과 리스크를 분산함에 따라 대규모 프로젝트를 진행할 수 있다. 글로벌 제약사들이 코로나19 백신을 공동 개발한 예가 그렇다.

그러면 협업은 어떤 방식으로 구축될까?

1) 공유가치 협업 전략: 경제적 이익과 사회적 가치를 동시에 창출(고객, 파트너사, 지역 사회)

예: 네슬레 커피 농가 지원으로 브랜드 신뢰 제고

2) 상품개발 협업 전략: 파트너사 간 기술력과 노하우를 결합해 혁신적인 제품을 공동 개발 예: K팝 협업 전략 - 참여형 글로벌 콘텐츠 생태계

3) 공급망 협업 전략: 공급망의 효율성과 탄력성을 높이기 위해 협력

예: 월마트-공급자 주도형 협업 전략(공급업체가 직접 재고관리)

4) 기술 협업 전략: 신기술 개발이나 기술 혁신을 가속화하기 위해 기업 간 공동 개발

예: 자율주행차 개발, 바이오 신약 연구, 반도체 미세공정 개발 등

5) 마케팅 영업 협업 전략: 브랜드 간 공동 마케팅, 공동 프로모션을 통해 고객층 확장과 시장점유율 제고

예: 오피스디포와 이마트24(이종업태 간 숍인숍)

6) 금융 협업 전략: 협력사의 자금 조달과 운영 안정성을 지원해 상생 기반 강화

예: 토스-생활 밀착형 기업과의 협업

궁극적으로 협업 전략은 시장에서 거래비용을 절감하고, 외부 자원을 결합해 경쟁우위를 강화함으로써 네트워크를 통한 기회 확보 및 경쟁자와도 협력해 공동 이익을 추구하는 소위 게임이론으로 나아가 전가傳家의 보도寶刀가 될 것인가? 아니면 부메랑이 되어 양날의 검이 될 것인가? 그 빛과 그림자를 논하여 보자.

먼저 협업을 할 때는 한쪽에 과도하게 의존하거나 종속적인 관계로 치우치는 것을 경계해야 한다. 과거 인텔과 마이크로소프트 간의 윈텔 동맹에 있어 윈텔이 PC 침체기에 발목이

잡힌 예가 그것이다.

문제는 갈등과 이해 상충이다. 소니와 에릭슨은 합병하여 T68이란 최초의 풀컬러 핸드폰을 출시했다. 하드웨어의 강자인 소니와 네트워크의 강자인 에릭슨의 합작은 외부에서 보기에 이상적으로 보였다. 그러나 초기에 문화, 관리 스타일, 기술 접근 방식을 극복하지 못했다. (2012년 소니 단독 인수)

마지막으로 협업이 지나치면 반경쟁 행위(독점, 카르텔, 가격 담합, 진입 장벽 조성)로 규제 대상이 될 수 있다. 최근 마이크로소프트사와 구글이 클라우드 서비스 시장에서 서로를 반경쟁적 관행으로 신고한 적이 있다.

결론적으로 협업은 명확한 목표와 권한 배분, 탈출 전략이 있으면 보도가 되고, 계획 없이 달려들어 브랜드나, 자산, 시장을 깎아 먹으면 양날의 검이 될 수 있다.

골리앗의 패배로 살펴본 무한 경쟁력

성경 속에 나오는 다윗과 골리앗의 이야기는 기독교이든, 비기독교인이든 너무 많이 인용해서 식상할 지경이다.

경영사학자 말콤 그래드웰은 2014년 '강자를 이기는 약자의 기술'이라는 부제로 『다윗과 골리앗』을 출간하였다. 이 책에서도 우리가 예상한 대로 다윗은 용기와 지혜를 갖춘 영웅으로 묘사되며 거인 골리앗은 전통적 의미의 강자이지만 비참한 최후의 당사자로 소개된다.

필자의 저서 『마케팅을 찢다』에서는 골리앗의 세 가지 오류를 지적하였는데 그 첫

브랜드는 변해도 마케터는 남는다

째가 전쟁터 지형에 무지하였다는 것이다. 역사에 의하면 블레셋 사람들은 크레타섬 출신으로 팔레스타인으로 이주하여 해양에 정착한 해양민족이었다고 한다. 당시 이스라엘은 사울왕의 영도 속에 산악지대에서 무리 지어 살던 족속이었다. 해양과 산악, 이 천양지차天壤之差인 환경에서 골리앗은 자신만의 방식으로 전쟁을 이끌어 간 것이다. 그의 모습은 어떠했는가?

그의 키는 구약성경에 의하면 6큐빗(고대 서양 및 근동 지방에서 사용된 길이의 단위), 즉 지금으로 계산하면 2미터 90센티의 거인이었다. 그의 갑옷은 무겁고 견고했으며 던지는 창과 찌르는 창, 차고 있는 칼은 매우 위력적이었다. 게다가 보조병까지 커다란 방패를 들고 있었다. 그가 믿었던 것은 오직 자신이 보유한 무기, 규모에 의지하였던 것 같다.

자세히 들여다보면 지형에 대한 이해나 리더십, 그리고 투철한 의지는 그에게 없어 보인다. 개전 시 과도한 자만심과 적에 대한 이해 부족이 어떤 결과를 만들어갈지 골리앗은 돌랐다.

지금은 어떤가? 과연 규모의 경제가 절대적인 무기가 될 것인가? 디지털 전환 이후 기업 간의 경계가 허물어지면서 스타트업이든 대기업이든 같은 생태계에서 경쟁하고 있다.

한마디로 경쟁하고자 하는 지형과 싸움의 대상과 방식이 다른 것이다.

블레셋과 이스라엘의 진지는 기존의 대량 공격을 통한 죽기 아니면 살기식, 즉 치킨게임을 불허했다. 성경에 따르면 블레셋 군대는 엘라(Elah: 이스라엘의 지명)의 남쪽 능선을 따라 진지를 구축했고 이스라엘 군대는 북쪽 능선을 따라 반대편에 진지를 만들었다. 두 진영은 협곡을 사이에 두고 서로 마주 보는 형세가 되었다. 이때 나온 전투 방식은 뛰어난 병사를 한 사람씩 보내 일대일 대결을 하는 것이었다.

그런데 이해할 수 없는 일인의 출현이 있었다. 성경에는 그가 시종의 손을 잡고 천천히 왔다는 기록이 있다. 말하자면 1:1대결을 하자며 그는 2:1의 불공정한 싸움을 진행하였다. 『다윗과 골리앗』의 저자 말콤 글래드웰은 앞선 행동과 다윗이 다가오는 것을 알아보지 못한 것, 지팡이가 여러 개로 보였다는 기록에서 골리앗을 용맹한 전사이기보다는 병들고 허세 가득한 인물로 보았다.

이제 우리는 상황에 따라 위기로 추락할 수 있는 불확실성의 시대를 맞았다. 위기관리가 특정 약자의 전유물이 아니라 모든 플레이어의 공통과제가 되었다.

말콤 글래드웰은 골리앗에게는 그런 위기관리 능력이 없

다고 보았다. 싸움의 방식에서 규모와 힘은 준비되지 않은, 무력화된 상태로 놓여 있음도 지적하고 있다.

고대에는 세 가지 병종兵種의 군사가 있었다.

첫째는 가장 많은 수를 차지했던 보병이었다. 이들은 갑옷으로 중무장했고 던지는 창과 찌르는 창, 짧은 칼을 들었다. 싸움이 벌어지면 방패를 앞세우고 집단 대형으로 임했다.

둘째는 기병이었는데 전차를 타거나 말을 타고 적을 혼란시키거나 패주하는 적을 쫓아가는 역할을 했다.

셋째는 발사병이었다. 그들은 활을 쏘는 궁수와 돌을 던지는 투석병으로 구성되었다. 이들은 가벼운 갑옷을 입었고 보병 뒤에 숨어서 상대편을 공격하는 역할을 했다. 이 세 병종은 물고 물리는 관계였다.

창을 든 보병은 말을 타고 전진하는 기병에 강하고 기병은 발사병을 공격할 수 있었으나 발사병은 보병을 꼼짝 못하게 만들 수 있었다. 그렇다면 보병인 골리앗은 예기치 않게 나타난 투석병을 경계하고 긴장했어야 했다. 단지 다윗을 양 떼를 치는 목동으로 알았지 그가 숙련된 투석병인 것을 간과했다. 더구나 그는 강자의 법칙보다 훈련받은 약자의 무한 가능성에 중심을 둔 용장이었다.

사무엘상 17장에는 이스라엘왕 사울이 등장한다. 연극으로 치면 주연이 될 만한 사람이었다. 그는 양치기 소년 다윗에게 신뢰를 갖지 못하였지만 일국의 왕으로 마지못해 자신이 소유한 놋투구와 칼, 갑옷을 건네준다. 반전이다. 그런데 여기에 또 다른 반전이 일어난다. "익숙하지 않으니 저는 이것을 입고 걷지 못하나이다."

그리고 그는 자신만 아는, 익숙한 물맷돌 5개를 줍는다. 여기서 강자의 모멸감은 극에 이른다. 생각해 보라. 갑옷을 입지 않은 속도와 기동성의 전사를….

후에 전문가들은 투석병 다윗이 35미터 거리에서 날린 보통 크기의 돌이 초속 34미터(시속120킬로)로 골리앗의 머리를 맞추었을 것이라 추정하였다.

크기와 속도… 이 두 개념의 전쟁은 다음과 같은 성경의 구절이 나타내고 있다.

"블레셋 사람들이 자기 용사의 죽음을 보고 도망하였다."

최근 마케팅 전략은 브랜드 파워나 자본력이 아니라 얼마나 빠르게 변화에 적응하고 고객 중심의 혁신을 실행하느냐이다. 결국 보병인 골리앗과 투석병인 다윗의 전쟁 결과처럼 속도와 경쟁우위가 점점 강조되는 분위기이다. 아울러 이제는 동종업체끼리 경쟁하는 것이 아니라 전혀 다른 산업이 고객의 접점을 빼앗은 '이종 경쟁'이 시작되었다는 점도 특기할

　　　　　　　　　브랜드는 변해도 마케터는 남는다

만하다.

　우리는 종종 '골리앗 브랜드'의 파산을 보아왔다. 더불어 플랫폼과 고객의 충성도를 무기로 급부상한 다윗형 유니콘 기업의 탄생도 지켜봤다. 결론적으로 무한경쟁시대에 접어들어 위의 사례는 디지털전환논리로 적용해도 괜찮다는 생각이 든다.

에어비앤비의 자각,
고객의 적극적인
호응을 이끌어 내다

신종코로나 팬데믹으로 여행과 공유경제의 대명사였던 에어비앤비가 직격탄을 맞았다. 예정되었던 기업공개IPO는 무산되었고, 전 세계에서 밀려드는 환불 요청 건수가 예약 건수를 앞서는 불행한 사태가 벌어졌다.

에어비앤비 공동 창업자 브라이언 체스키Brian Chesky는 "우리가 알고 있던 여행은 끝났다. 절대 돌아오지 않을 것"이라는 암담한 전망을 내놓기도 하였다.

그러나 에어비앤비는 구조조정과 함께 회사를 바닥에서부터 재건하겠다는 의지

 브랜드는 변해도 마케터는 남는다

로 팬데믹 이전에 추진하던 호텔, 럭셔리 숙박, 교통, 미디어 같은 사업을 중단하고, 주력 사업인 소형주택 위주의 숙박 공유사업에 주력하기로 하였다.

그동안 대도시 중심의 장거리 여행을 지양하고 'Go near 가까운 곳으로 가자'라는 캠페인을 시작하고 웹사이트의 앱의 알고리즘을 재설계하여 잠재적인 여행자들이 거주지 근처의 여행지를 추천받을 수 있게 만들었다.

놀라운 것은 팬데믹 이후 특정 시간, 특정 장소에서 일해야 할 직장인들이 해방되었다는 사실이다. 어디에서나 일하고 언제든지 여행하고, 더 오래 머물게 된 유연성의 트렌드. 이를 위해 에어비앤비는 고객을 단순한 이용자가 아니라 공동창조자co-creator로 격상시켜 주었다. 이들은 트렌드를 감안한 '유연한 검색' 기능을 도입하여 여행지를 정하지 않아도 해변, 농장, 통나무 등 24개의 카테고리별 숙소를 살펴볼 수 있게 하였으며 일정 또한 정확한 날짜를 입력한 대신 주말 휴가, 일주일 휴가, 또는 한 달 살기 같은 방식으로 검색이 가능하게 하였다.

CEO 체스키는 앞으로 여행 산업에서 성공 산업의 열쇠는 "누가 최고의 경험을 제공하느냐"가 될 것이라 내다보았다. 지금까지 브랜드 가치를 높이고 광고나 마케팅 수단을 통해

고객의 필요와 욕망을 높이는 설득커뮤니케이션이 시장지배
력을 높이는 것으로 인식했다면 에어비앤비의 불황기 전략
으로 보이는 '유연한 검색'은 이전과 정반대의 양상을 보이고
있다.

먼저 에어비앤비 고객은 자신들이 플랫폼의 일부라 생각
한다. 이를 통해 숙소제공자(호스트)는 자신의 공간을 스토리
텔링과 함께 상품화하고 게스트는 후기를 통해 신규 고객의
경험을 설계하는 순환구조를 만들어 주었다.

이들은 일단 적극적으로 참여할 수 있게 호스트와 게스트
의 관계를 강화하였다. 결국 플랫폼이 아니라 사람 대 사람
Human-to-Human 관계를 강조했다.

예를 들어 'Welcome Home' 같은 캠페인은 고객이 단순 숙
박객이 아니라 환영받는 손님이라는 정체성을 강화해 주었
다. 아울러 온, 오프라인 호스트 모임과 대규모 컨퍼런스인
Airbnb Open을 통해 커뮤니티 구축은 물론 사용자 집단이
브랜드의 전파자가 되도록 유도했다.

결과적으로 에어비앤비의 자각은 "브랜드는 기업이 만드
는 것이 아니라 고객과 함께 만든다."라는 것과 그들의 마케
팅이 단순히 마케팅에 머물지 않고 경험설계Experience Design
차원에서 이루어져야 한다는 것이다.

　　　　　　　　　　　브랜드는 변해도 마케터는 남는다

데이터 없이
마케팅이 가능할까?

필자가 80년대 카피라이터로 일할 때나 기획자로 기획안을 만들 때 데이터는 아예 존재하지 않았다. 전통적 광고, 홍보 시대에는 데이터보다는 시장에서의 경험과 직관, 그리고 아이디어라고 통칭하는 크리에이티브가 중요했다. 당시 아이디어는 일종의 생각이나 구상 정도 였는데 그것은 하늘에서 뚝 떨어진 것이 아니라 정보를 다량으로 수집하고 더 나아가 매력적인 포인트를 찾아낼 뿐 아니라 이를 잠재의식 속에 가두어 놓다가(부화) 좋은 아이디어를 결정하는 일종의 낡은 요소를 결합하는 프로세스였다.

따라서 이성적인 내용보다는 사람 냄새 풀풀 풍기는 감성에 의지한 측면이 많다. 마음을 사로잡는 카피, 따듯한 스토리, 스타 모델들이 동원되었다.

대표적인 사례가 1985년 발생한 뉴코크New Coke 사태였다. 단순히 맛 테스트 결과(제한된 데이터)만 믿고 기존 코카콜라를 없애고 콜라 맛을 변경한 신제품을 출시하였으나 소비자들의 거센 반발로 단종된 사건이었다. 이 사태는 데이터와는 별개로 브랜드와 전통의 상징성, 소비자의 정체성 인식만이 드러난 사례였다.

당시에도 데이터가 없지 않았다. 리서치라고 불리는 시장조사와 패널조사(반복적으로 면접하는 여론조사) 등 기초 데이터는 존재했지만 지금처럼 실시간, 정밀 데이터는 아예 꿈도 꾸지 못했다. 따라서 데이터는 없어도 마케팅은 가능했지만 효율성이 낮고 실패 리스크가 높던 시대였다.

그러나 현재는 데이터 없이는 아무것도 할 수 없을 정도로 마케팅의 필수요소가 되었다. 더구나 디지털 시대에 양산되는 데이터는 마치 물과 같은 존재이다. 디지털 광고, CRM(customer relationship management; 고객관계관리), 개인화, 리타기팅(retargeting: 온라인상에서 사용자의 검색 기록 및 방문 경로 등을 기반으로 각각 다른 광고를 내보내는 광고 형태) 등 디지털 없이는

     브랜드는 변해도 마케터는 남는다

작동할 수 없는 마케팅이 너무 많다.

데이터가 있어야 고객의 행동 데이터를 기반으로 누구에게, 언제, 어떤 메시지를 보여줄지 정교하게 설계할 수 있기 때문이다. 아울러 경영, 마케팅 분야에서 데이터 기반 의사결정(Data-driven decision making: 객관적인 데이터와 분석결과를 바탕으로 비즈니스 결정을 내리는 접근 방식)은 기업의 생존을 위해 그 존재성이 점점 높아지고 있다. 예를 들어 스타벅스가 2011~2012년 금융위기 영향으로 폐점한 매장을 다시 재개장한 것은 다 이런 이유이다.

앞서 언급된 데이터 중심의 마케팅 중에 '개인화된 서비스'는 시장을 선도하는 데 더욱 중요한 위치에 서 있다.

특히 미래시장에서는 고객의 개별 요구와 선호도를 반영한 맞춤형 서비스와 제품이 급부상할 것으로 여겨진다. 아울러 고객의 취향과 필요에 맞춘 경험을 제공하는 개인화된 서비스는 AI 등의 디지털 기술 발전으로 고객 데이터를 분석하고 고객의 개별적 요구를 충족할 수 있는 최적화된 서비스로까지 도달할 것 같다.

만일 여기에 더욱 연결된 서비스를 작동시키면 어떤 결과가 나올까? 온라인 커뮤니티를 통해 브랜드 체험을 확산시킨다면?

카카오톡의 오픈 채팅은 익명성과 실시간 소통을 결합해 고객 간 연결을 확대하거나 또는 해시태그와 스토리를 통해 브랜드와 고객이 상호 소통하는 인스타그램처럼 '관계 중심의 설계'가 가능해질 것이다. 아울러 쿠팡의 로켓 배송처럼 합리적인 가격으로 빠른 배송과 간편한 반품시스템 등 더 많은 가치를 서비스한다면 데이터에 의한 시장 선도는 용이해 보인다. 과연 데이터는 기업에서 어떻게 활용되고 있을까?

1) 스타벅스는 마이크로소프트사의 도움으로 인공지능과 크라우딩 컴퓨터에서 블록체인에 이르는 고급 기술을 구현하여 매장에서 더욱 개인적이고 원활한 고객 경험을 방출하고 있다. 또한 전 세계 80여 개국에 있는 3만여 개 매장의 커피머신을 사물인터넷으로 연결하여 관리하고 있으며 인공지능기술을 이용해 사용자 성향을 파악해 메뉴를 추천하고 있다.

2) 넷플릭스는 시장데이터와 알고리즘 기반 추천으로 고객 유지율을 크게 상승시키고 있으며 데이터 없이는 불가능한 개인 맞춤형 경험의 대표적인 사례이다.

3) 아마존은 고객의 구매와 검색 기반을 추천, 교차 판매하고 있으며 재구매도 유도하고 있다. 이 회사에서는 매출의 30% 이상을 추천받는다. 데이터를 다루면서 한 가지 아쉬운

   브랜드는 변해도 마케터는 남는다

것은 데이터가 방향을 가르쳐 주어도 창의성, 브랜드스토리, 감성적 공감은 아직 데이터 논외에 머무르는 것 같다. 한마디로 데이터는 도구이지 메시지나 의미를 만들어 주지 않는다. 따라서 데이터와 창의성이 융합된다면 어떤 결과가 나올까?

4) 2013년, 2014년에 코카콜라는 'Shake a coke'라는 캠페인을 벌인 적이 있다. 예를 들면 데이터로 파악된 소비자의 이름 및 닉네임을 음료수병과 캔에 새겨 놓는 것이다. 미국에서는 미국 청소년들 사이에 가장 인기 있는 이름 250개를 선정하였으며 사람들은 자기 이름이 적힌 콜라병을 찾아 SNS에 올리기도 하였다.

5) 스포티파이 Wrapped는 개인별 연간 데이터(재생곡, 장르)를 창의적인 디자인과 스토리로 포장하고 있다. 데이터는 비록 숫자에 불과하지만 스토리텔링으로 고객이 자신의 '음악라이프를 자랑'하게 만든 사례로 손꼽히고 있다. 아티스트의 입장에서 보면 이를 통해 팬과의 접점을 넓히고 자신의 음악을 더 효과적으로 홍보할 수 있는 기회가 주어진다.

위의 사례를 보고 깨닫는 것은 20세기에 석유가 산업발전을 견인했다면 21세기는 데이터가 가치 창출의 원천이라는 점이다.

내부고객이 먼저일까?
외부고객이 먼저일까?

이 주제는 어느 한쪽의 손을 들어주기보다는 관점이나 전략적인 측면에서 다뤄야 할 복잡한 양상을 띄고 있다. 먼저 내부고객의 정의부터 내려보자.

내부고객은 제품이나 서비스를 기획, 제조, 유통 판매하는 당사자로서 이들 조직을 활성화하고 내부의 만족도를 높여주어야 한다.

여기에 재미있는 '서비스 수익 체인Service Profit Chain'이라는 연관된 이론이 있다. 이 이론은 1990년대 하버드 대학의 연구자그룹 헤스켓Heskett이 주장한 비즈니스모델로

브랜드는 변해도 마케터는 남는다

기업의 이익 증가와 성장을 하는 데 있어 고객 충성드와 만족도 및 가치에 우수한 서비스 경험이 재무 성과(이익과 성장) 사이에 직접적인 관계가 있다는 주장이었다. 그 흐름은 내적서비스 품질→직원 만족도→직원 유지 및 직원 생산성→외부서비스 가치→고객 만족도→고객 충성도→수익 증가 및 수익성으로 이어진다고 한다. 내부고객의 경우 현장에서 직접 소비자를 만나기 때문에 기업은 내부고객의 역량을 높이는 데 전력하여야 한다. 왜냐하면 내부고객을 만족시키지 못하면 외부고객을 만족시키지 못하기 때문이다. 따라서 리더는 목표를 달성하면 소정의 인센티브를 제시하여 동기를 부여하고 그들 스스로가 회사의 소중한 자원이라고 인식하게 만들어 주어야 한다.

스타벅스의 경우 고객보다는 직원을 먼저 우대하였고 호명조차도 동등한 이해관계자라는 의미로 '파트너'라 불렀다. 말하자면 외부고객에게 따듯한 경험을 주려면 내부고객이 먼저 존중받고 만족해야 한다는 신념이 그들에겐 강했다.

스타벅스의 내부고객 관리의 핵심은 복지와 혜택이었다. 이를테면 파트타이머에게 의료보험을 제공하고 회사 성장의 주인이 직원이라는 뜻에서 'Bean Stock'이라는 주식 매입 프로그램을 운영하고 있다. 아울러 스타벅스는 직원에게 문화적 소속감은 물론 '바리스타-슈퍼바이저-매니저'로 성장 경로 career path를 제시하기도 한다.

내부고객이 브랜드 경험의 1차 생산지라는 인식이라면 이런 내부 마케팅의 차별화는 어떻게 이루어질까?

미국 아웃도어 전문 브랜드 레이REI는 일상 생활의 균형을 실천하는 최고의 기업이었다. 그들은 놀랍게도 연중 최대 매출일인 블랙프라이데이에 150개 매장과 온라인쇼핑몰을 폐장한다. 그리고 직원들에게 가장 좋아하는 야외활동을 즐기게 하거나 영감을 주는 새로운 장소를 발굴하는 날로 야호데이Yay Day를 설정하여 유급휴가를 준다. 이는 전 직원에게 쇼핑 대신 자연 속에서 여유롭게 시간을 즐기라는 기업 메시지를 전달하는 계기가 된다.

이 밖에 반려동물에게 가족수당을 지급하는 영국 화장품 러쉬LUSH와 신입사원에게 "어디서든 할 수 없는, 엄청나게 일을 하는 것에 온 것을 환영한다."라는 편지를 발송했던 애플도 결국에 내부 마케팅의 중요성을 인지한 사례라 할 수 있다.

이제 고인이 된 사우스웨스트항공 창업자 허브 캘러허의 말은 그래서 매우 교훈적이다.

"우리의 성공 핵심은 경쟁자가 모방하기 가장 어렵다는 것이다. 물질적인 것은 누구나 구매할 수 있다. 그러나 살 수 없는 것이 있다. 회사에 대한 몰입, 헌신, 충성이다. 이것으로 무장한 직원들은 십자군 전쟁에 참여한 군인과 같다. 서비스 본질의 차이는 기계나 사물에 있지 않다. 정신, 마음, 영혼에 있다.”

그렇다면 내부고객보다 외부고객이 먼저라는 논리는 어떻게 해석해야 할까?

과거 “고객이 왕이다.”라는 패러다임은 내부고객 만족도도 결국은 외부고객에게 더 나은 가치를 전달하기 위한 수단일 뿐이라는 발상에서 나왔다고 본다.

모든 기업 활동은 결국 외부고객의 가치 창출을 위해 존재한다는 시장 지향성Market Orientation 원칙과 일맥상통한다.

일례로 아마존에는 잘 알려진 원칙이 있다.

“리더는 고객에게 출발하여 거꾸로 생각한다. 고객의 신뢰를 얻고 지키기 위해 끊임없이 노력한다. 리더는 경쟁자를 주시하되, 집착의 대상은 언제나 고객이다.”

이 문구는 아마존 채용사이트의 ‘리더십 원칙Leadership Principles’의 첫 항목인 고객집착Customer Obsession에 적힌 문구로 아마존은 이 원칙을 직원 행동을 이끄는 가장 중요한 가치로 삼았다. (물론 이 철학이 최근 법정 시험대에 올랐지만….)

그러나 최근 관점에서 보면 디지털 전환 이후에는 “닭이 먼저냐 달걀이 먼저냐?"라는 논쟁을 떠나 내, 외부 고객이 동시에 맞물려 가는 구조로 보인다.

한마디로 내부가 불만족스러우면 고객 접점에서 금방 노출되어 고객 경험이 악화되며, 고객의 불만이나 리뷰가 결국 내부 프로세스 개선에 영향을 미치고 직원의 경험 또한 개선되기 마련이다.

MZ,
개인화에 불을 지르다

2024년 최고의 디지털 경험은 3가지였다.

첫째, 고객 여정이 처음부터 끝까지 모든 채널에서 매끄럽고 일관되게 개인화된 경험을 제공했다는 것이다.

둘째, 소비자의 80%는 다양한 채널에서 일관된 경험을, 70%는 개인화된 제품 추천을 중요하게 생각한다는 것과 마지막으로 자신의 일정을 맞춘 커뮤니케이션을 선호한다는 것이다.

결국 고객은 매끄럽고 일관된 맞춤형 경험을 원하고 있다고 볼 수 있다. 여기서 개인화 마케팅은 개별 소비자의 요구, 선호

도, 행동 및 기타 특성을 바탕으로 데이터 분석 및 기술적 수
단을 통해 각 소비자에게 맞춤형 마케팅 콘텐츠, 제품 또는
서비스를 제공하는 마케팅 전략을 말한다.

따라서 개인화Personalization는 단순한 선택이 아닌 현대 비
즈니스에서 성공을 좌우하는 혁신 전략이다. 고객들은 점점 더
자신만의 맞춤형 경험을 기대하며 이런 기대는 브랜드와 기업
이 고객과 관계를 형성하는 방식에 큰 변화를 가져오고 있다.

그런데 우리가 개인화를 거론하기 전 그 주역인 MZ세대를
배제할 수 없다.

먼저 MZ세대는 몇 가지 개인화를 유발할 연관성 있는 특
징을 가지고 있다. 그들은 브랜드가 정해주는 정형화定形化된
경험보다 나만의 경험과 스타일을 중시한다. 아울러 디지털
네이티브(digital native: 디지털 환경에서 태어나 성장하여 디지털 기기
를 자유자재로 활용하는 세대)로서 데이터 기반에 맞춘 서비스에
익숙하고, 또는 AI 플랫폼이 제공하는 개인화 경험을 적극적
으로 수용한다.

그렇다면 이들은 어떤 식으로 '개인화'에 불을 질렀을까?

1) 구매에서 경험까지 개인화
스타벅스앱: 개인 취향 기반 추천 메뉴, 리워드 개인화

　　　　　　　브랜드는 변해도 마케터는 남는다

넷플릭스(내 취향 존중), 스포티파이(알고리즘을 통한 '나만의 플레이리스트 추천)

2) 제품/서비스 커스터마이징(Customering: 일종의 맞춤 제작)

나이키 바이유By you: 개인 맞춤형 스니커즈 디자인처럼 '내가 직접 만든 신발'을 통해 대체 불가한 고객 경험 제공

이니스프리, 라네즈 등 K뷰티브랜드: 피부 진단 후 맞춤 화장품 제공

3) 데이터 기반 자기 주도 소비

내 취향 데이터가 내 자산으로 인식 확산

MBTI, 퍼스널컬러, AI 추천을 활용한 자기 최적화 소비

기업의 입장에서 개인화는 적은 비용으로 높은 구매율을 달성하고 신규 고객 유입 효과가 있으며 고객 입장에서는 다수를 위하기보다는 널리 취향에 맞는 제품을 추천함으로 디지털 경험이 개선되고 본인도 인지하지 못한 긍정적인 반응을 보일 수 있다.

2022년 트렌드 중 하나였던 나노세대는 MZ세대의 초개인화 마케팅으로 마케터의 96%가 개인화 마케팅에 투자하거나 증액할 계획으로 나타났다.

최근 개인화 마케팅을 뛰어넘은 초개인화 마케팅은 통계

자료 및 군집群集 분석의 수준을 넘어 개개인의 검색 패턴, 표정, 건강 상태 등을 통해 잠재적 니즈를 정교하게 파악한 뒤 서비스를 제공한다고 한다. 결국 MZ의 나답게 살고 싶고 디지털로 연결되며, 공정과 재미가 있고 맞춤화된 경험이 개인화에 불을 붙인 것은 아닐까?

브랜드는 변해도 마케터는 남는다

마케팅 근시안에 전략의 안경을 끼다

세계적인 경영학자 피터 드러커는 "지금으로부터 10분 후와 10년 후를 동시에 생각하라."라고 말한 적이 있다. 마케터나 경영자에게 미래를 어떻게 준비할 것인가를 가르치는 선문답 같은 지적이었다.

마케터가 먼 미래를 예상치 못하고 바로 앞에 닥친 상황만 고려하는 현상을 1975년 테오드르 레빗Theodore Levitt 하버드 교수는 〈하버드 비즈니스 리뷰〉 논문에서 '마케팅 근시안marketing myopia'이라고 명명하였다.

마케터는 통상 소비자가 대단한 것을 원하는 것이 아니라 사용하기 편하고 필요한 제품만 찾는다고 착각하거나 인구가 늘고 소득수준이 늘면 시장이 확대되리라는 기대를 한다. 또한 제품에 대한 지나친 맹종이나 대체할 만한 경쟁제품이 없다는 것을 이해하지 못하는 일종의 믿음 같은 것을 가지게 된다.

기업이 자신의 제품이나 기술 중심적 사고Product-oriented view에 갇혀 고객이 진정 추구하는 니즈와 가치를 보지 못하게 된다면 이는 불행한 일이다. 즉, '우리가 무엇을 파는가?'에 집착하면서 '고객이 진짜 원하는 것은 무엇인가?'를 망각하게 된다는 것이다.

한 예로 편의점 업계의 변화를 살펴보자. 편의점 업계는 1990년부터 변화에 탄력을 받았다. 원인으로는 젊은 층 1~2인 가구가 늘어나면서 이들의 취향에 부응했기 때문이라는 통계가 나와 있다. 편의점은 식료품, 일용잡화, 안전상비약, 의약외품 등 여러 종류의 제품을 취급하는데 근래에는 민원출력서비스(세븐일레븐), 활어회cu, 세탁서비스GS25, 특화형 주류, 금융서비스, 렌탈서비스, 세금수납서비스, 교통카드 충전 등 타깃층이 원하는 서비스에 전력을 다하고 있다.

여기서 한 가지 주목해야 할 것은 혁신적인 제품은 시장조사로 태어나지 않는다는 사실이다. 시장조사로 고객 선호도는 파악할 수 있지만 아직 존재하지 않는 제품의 원츠는 파악

    브랜드는 변해도 마케터는 남는다

할 수 없다.

필자가 저술한 『이마트 100호점의 숨겨진 비밀』에는 월마트의 한국 철수를 다루고 있다. 골리앗으로 비유된 월마트는 그들이 본국에서 적용하였던 언제나 낮은 가격everyday low price이 걸림돌이 될지는 미처 예상치 못했다.

가격이 싸면 아무리 매장이 멀고 품질이 다소 떨어져도 고객은 개의치 않을 것이라 오판했다. 더구나 외곽에 위치한 매장이나 높은 진열대 등도 한국 소비자의 마음을 돌리는 요인이 되었다. 결국 현지화를 외면한 결과는 철수였다.

네이버가 단순한 포털을 넘어 지식인플랫폼으로 야후를 추월한 사례나 운송사업이 본질이었음에도 항공, 자동차에 밀린 미국의 철도산업 사례, DVD 대여 비즈니스에 집중하느라 편리한 콘텐츠 소비를 원하는 고객을 외면해 넷플릭스와의 경쟁에서 패한 블록버스터 등도 마찬가지다.

그렇다면 근시안 전략의 렌즈는 무엇일까? 그것은 아마 제품, 단기매출, 내부조직의 효율성이라 보고 원시안 렌즈는 장기적 변화와 고객 니즈, 트렌드가 아닐까 한다.

그렇다고 하면 경영자나 마케터는 초점焦點을 맞추고 적용하는 전략적인 설계자의 역할을 게을리해서는 안 된다.

고객 참여에 오직 박수만 쳐라

최근 고객 참여는 다방면에서 펼쳐지고 있다.

먼저 맞춤형 제품 설계에 직접 참여하는데 고객이 색상, 소재, 기능 등 옵션을 선택해 자신만의 제품을 제작한다.

그 예로 나이키 바이유Nike By You는 고객이 직접 색상, 소재, 문구, 디자인 요소를 선택해 자신만의 신발, 의류를 제작할 수 있는 서비스를 말한다. 즉, 나이키가 만들어 놓은 제품을 사는 것이 아니라 고객이 브랜드와 함께 창조하는 경험을 제공하는 것이다. 이들은 나이키 공식 웹/앱에서 실시간으로 색상, 텍스처, 디테일을 조합해 볼 수 있으며 일부 매장에서는 전문가와 함께 즉석에서 맞춤 제작이 가능하다.

결국 이 작업은 '세상에 하나뿐인 나의 나이키'를 통해 브랜드 정서를 결속하고(팬덤 강화), 일반 모델보다 높은 가격대에 거래되고 있다.(프리미엄화), 또한 스타벅스의 음료 커스터마이즈(맞춤 제작)도 같은 사례라 볼 수 있다.

둘째, 공동 창작 및 아이디어 제안이다. 대표적인 상품이 레고 아이디어(Lego Ideas)이다. 한마디로 고객이 만든 제품이 실제로 출시되는 것이다.

레고는 실제로 팬들이 직접 아이디어를 제안하고 투표할 수 있는 레고 아이디어 플랫폼을 운영하고 있으며 일정 표 이상을 받으면 실實) 제품화가 가능하다. 이렇게 되면 팬이 참여하고 팬에 의해 제품 혁신이 되며 수익과 고객 충성도가 동시에 상승하는 일석이조一夕二鳥의 효과를 얻을 수 있다.

국내의 경우는 배달의 민족이 B급 감성 광고와 리뷰를 단순 평가에서 유머와 스토리의 장으로 전환했다는 평을 받고 있다. 아울러 '배민체'를 무료로 배포하여 고객을 브랜드 문화 확산의 주체로 참여시키고 있다.

또 하나 고객 크리에이터가 카카오 이모티콘을 제작하여 판매하도록 하는 사례나 고객이 곧 모델이나 리뷰어로 변신하게 하는 무신사 스타일 쉐어도 고객 참여 전략의 특이한 사례라 볼 수 있다.

그렇다고 고객이 제품에만 참여하는 것은 아니다. 도미노 피자의 '피자 만들기 참여 캠페인'은 고객이 브랜드스토리 전파자의 역할을 다하고 있는 사례이며 리뷰, 피드백, 이벤트, 공모전, 커뮤니티 활동 등 다양한 범주에서도 참여의 폭을 넓히고 있다.

기업의 입장에서는 이런 고객 참여를 관리의 대상으로 보고 제약한다거나 참여 의지를 꺾어서는 안 된다. 잘못하면 고객들의 자발성이 다운되거나 브랜드 충성도와 팬덤도 약화될 가능성이 크다.

마케팅 측면에서 보면 고객 참여는 대량 생산Mass Production에서 대량 맞춤Mass Customization으로 전환하는 대표적 모델로 기업의 입장에서는 제조와 공급망이 유연화되고 디지털 플랫폼 역량이 필요하게 되는데 고객의 입장에서는 브랜드 소비가 자기 정체성 표현이라고 인식하기가 쉽다.

　브랜드는 변해도 마케터는 남는다

바로,
마이너리티 minority
리포트

이제, 혁신은 크고 작음의 잣대를 대지 않는다. 디지털은
이미 소수의 세력에, 기술에 손을 들어주고 있다. 따라서
경쟁력 있는 소수를 찾아 그들의 영향력을 읽는다.
이 리포트에서 마케터는 이렇게 말한다.
"A.I가 옳다고 말해도, 인간은 생각할 권리를 포기하지 말
아야 한다."

전쟁에서 배우는 파워 논리를 적용하라

혼히들 마케팅 상황을 전쟁에 비유한다. 아울러 단어를 공통으로 사용하기도 한다.

이를테면 군에서 사용하는 자원, 즉 병력과 무기는 기업의 입장에서 보면 인력과 자본 그리고 기술을 의미한다. 전쟁을 수행하기 위한 필수요소인 지형과 지리는 시장환경과 제도, 트렌드와 비교할 수 있으며 또한 싸워 이겨야 할 적군은 경쟁사나 규제, 위협 요인이 아닐까?

전쟁을 지휘하는 전략가를 기업에 있어서 CEO나 마케터로 지칭하며, 전쟁에서 공격하고 수비를 병행하듯 기업에서는 우선

  브랜드는 변해도 마케터는 남는다

적으로 자사 제품의 비교를 유도하면서 아울러 비교를 차단하는 전략을 구사한다.

이런 전쟁을 도상으로 마케팅과 비교하여 만들려고 하면 다음과 같은 요소가 갖추어져야 한다.

1) 참가자Player: 이번 전쟁에 누구를 상대하는가?

2) 부가된 가치Added value: 전쟁터에 가지고 나온 자원의 가치

3) 규칙Rule: 승패를 가름하는 전쟁의 방식

4) 전술Tactics: 전쟁의 규칙을 해석하여 방향을 설정

5) 범위Scope: 전쟁의 경계, 전쟁의 의미 규정

우선 어떤 싸움터인지 구분하는 것이 중요하다. 기업으로 치면 고객의 마음을 선점하는 것이 중요하다는 이치이다. 그라고 '누가 적인가?'를 확인해야 하는데 여기는 추종자나 룰테이커(Rule Taker: 기존에 만들어진 규칙이나 시장을 그대로 따르는 기업)로 불리는 경쟁자가 있고 다른 한편으로는 선두기업이나 기타 기업에 싸울 태세를 갖춘 도전기업, 룰브레이커Rule Breaker가 있다.

결국 가장 많은 점유율을 가진 선두기업, 룰메이커Rule Maker가 타기팅이 된다.

앞선 두 부류, 추종자와 도전기업은 시장을 리드하는 선두 기업과의 전쟁을 위해서는 첫째, 리더의 위치가 얼마나 강한지 살펴보아야 하고(제품/판매력/가격/유통) 아울러 리더의 강점에서 약점을 찾아내어 공격을 해야 한다.

예를 들면 미국 렌트카시장 2위인 에이비스는 이런 광고 메시지를 전하려고 노력했다.

"에이비스에서 빌리십시오. 우리 카운터의 줄은 짧습니다."

마지막으로 가능한 한 좁은 전선에서 공격해야 한다. 공격 방식에는 정면, 포위, 게릴라, 측면 공격이 있는데 이 중 게릴라 마케팅은 짧은 기간에 효율적으로 쓰이는데 방어가 충분한 세분화 시장을 공격하고 신속히 도주하는, 지리적 위치나 특정 인구에 적합한 공격 전략으로 효과 면에서 활용 빈도가 높다. 반면에 방어적 마케팅 원리는 오직 리더만 방어하고 자신을 적이 공격할 때는 최선의 방식으로 수단과 방법을 가리지 않고 막아야 하며 강력한 경쟁자의 공격은 항상 봉쇄해야 한다는 정신으로 임해야 한다.

방어 전략은 상대방의 도발 의사를 심리적으로 억제하는 억제방어抑制防禦, 제모시장으로 진입하는 질레트의 기동방어機動防禦, 도브의 리얼뷰티 캠페인처럼 먼저 공격을 가하여 힘의 우위를 가하는 선제방어先制防禦, 경쟁자의 공격이 가시

　　　　　　　　　　브랜드는 변해도 마케터는 남는다

화될 때 예상되는 지점에서 맞받아치는 역공방어逆攻防禦가
있다.

그러면 전쟁의 파워 논리는 어디에 있는가? 먼저 기선을
제압해야 한다. 결국엔 속도 전략을 말함인데 전쟁이나 기업
이나 선점은 전쟁을 유리하게 이끄는 최고의 전략이다.

예를 들어 넷플릭스의 온라인스트리밍 전환은 거성인 블
록버스터를 몰락하게 만들었다. 그런 후 자원배치의 문제로
들어가 집중과 분산을 적절하게 활용한다. 전쟁에서는 병력
을 한곳에 집중시켜 돌파구를 만든 후 분산 배치로 확장하는
데 비즈니스에도 한정된 자원을 '승부처'에 집중 투자하여 시
장을 다각화한다. 일례로 삼성 반도체 '메모리 집중투자'는 후
에 시스템반도체 확장으로 이어졌다.

통상 전쟁이나 기업의 경쟁 구도는 적을 알고 나를 아는 정
보전에 있다. 물론 전쟁에 있어 화력의 중요성도 높지만 정
찰, 암호해독, 첩보가 승패를 좌우하기도 한다. 비즈니스 측
면에서는 고객데이터라든가 경쟁사의 동향 그리고 시장리서
치를 말하는데 아마존의 철저한 고객데이터는 훗날 개인화
추천의 성공 요인이 되기도 하였다.

이렇게 후반에 다다르면 심리전과 결정적인 핵심경쟁력으
로 승부를 보아야 한다.

특히 소모전이 아닌 결정적인 한 방, 핵심 카테고리에서 지배력을 확보해야 한다.

근대 군사학의 아버지 카를 폰 클라우제는 전쟁의 속성을 지칭하는 다음과 같은 어록을 남겨두었다.

"전쟁은 정말 카멜레온 같다. 전쟁은 각각 구체적인 경우이다. 자신의 특성을 조금씩 바꾸기 때문이다."

여기서 당부할 것은 어떤 상황이든 '최악의 시나리오를 준비하라'는 것이다.

또한 모든 것을 더 잘하려 하지 말고 정확한 승부처를 정하고 거기서 압도적인 힘을 발휘하는 강한 기업이 되라고 조언하고 싶다.

  브랜드는 변해도 마케터는 남는다

chatGPT, 그 위력으로 쇼핑의 판을 엎다

2022년 등장한 챗GPT의 위력은 모든 분야에 쓰나미 이상의 충격을 가져왔다. 예를 들면 단순 언어모델을 넘어 대화를 최적화하여 질문을 이해하고 맥락을 이어가며 답변이 가능해졌다.

이 여파는 불과 5일 만에 100만 명, 두 달 만에 1억 명을 돌파하여 역사상 가장 빠른 전파속도를 보였다. 이제 챗GPT는 단순 질문Q&A을 넘어 검색, 코딩, 이미지 생성, 데이터 분석, 멀티모달(multimodal: 글, 이미지, 음성 등 다양한 감각체계를 활용해 정보를 종합적으로 처리) 지원까지 확장한 상태이다.

결국 교육, 의료, 법률, 경영, 창작 등 전 분야에 침투하여 인간이 한 번도 상상할 수 없었던 결과를 내놓고 있다. 그렇다면 그 위력의 범주를 살펴보자.

1) 산업적 위력

- 검색엔진 혁신: 구글 검색 중심 패러다임을 흔들고 대화형 검색 시대를 열었음
- 소프트웨어 개발: 프로그래머 생산성을 크게 높임
- 콘텐츠 창작: 글쓰기, 기획, 번역, 디자인, 아이디어까지 인간이 하던 작업을 빠르게 대체

2) 사회적 파급력

- 교육: 리포트, 코딩, 에세이 작성에 활용(AI치트키)
- 노동시장: 단순 반복 업무의 대체 가능성이 현실화(사무직 자동화 속도 가속)
- 윤리 규제: 저작권, 허위정보, 개인정보 문제로 세계 각국이 규제 마련에 착수

3) 개인 차원의 위력

- 개인비서: 일정 정리, 이메일 초안, 글쓰기 보조 등 일상에서 '제2의 뇌' 역할
- 지식민주화: 전문가가 알던 정보, 기술을 누구나 쉽게 활

   브랜드는 변해도 마케터는 남는다

용 가능

- 창의력 증폭기: 아이디어 발굴, 글쓰기 초안, 그림, 영상 기획까지 '생각의 파트너' 역할

이 위력을 보면 챗GPT는 검색과 인간, 컴퓨터의 경계를 허문 첫 대중형 AI 서비스라고 할 수 있다.

정리해 보면 이 위력은 방대한 데이터 처리와 자연스러운 언어생성(분당 1,000만 단어 생성), 다양한 문제 해결능력으로 귀결된다.

이미 국내 이용자는 2,000만 명을 돌파하였고 이는 한국인 10명 중 4명이 사용하고 있는 숫자라고 한다.

『이마트 100호점의 숨겨진 비밀』의 저자인 필자는 특히 쇼핑 분야의 챗GPT 진입은 경악스럽다는 표현 외에는 달리 말할 방도가 없다. 이미 챗GPT는 쇼핑 도구로 상품을 비교한다든지 맞춤형 추천과 리뷰 요약, 그리고 구매 가이드의 역할을 빈틈없이 해내고 있다. 그 역할은 다음과 같다.

1) 상품 비교: 특정 카테고리에 대해 가격, 성능, 브랜드별 장단점 빠르게 요약

2) 맞춤형 추천: 사용자 예산, 스타일, 사용 목적을 알려주

면 수많은 리뷰를 종합해 최적의 상품 후보 추천

　3) 리뷰 요약: 아마존, 쿠팡, 네이버 등에서 올라온 긴 리뷰들을 핵심만 추려 알려줌

　4) 구매 가이드: 소비자 안내 가이드 제작 가능

　이제 AI기업과 플랫폼 기업 간의 쇼핑 AI 경쟁이 본격화하고 있다. 벌써 오픈AI와 퍼블리시티(AI검색과 결제서비스 추가)는 AI기능에 쇼핑 기능을 탑재하여 시장에 도전장을 던졌고 아마존(AI챗봇 루퍼스)과 구글도 AI챗봇과 검색요약 기능으로 대응 중이다. 향후 유통산업은 AI 중심의 개인화 경쟁과 수익 모델 재편이 핵심축이 될 전망이며 '챗GPT 쇼핑'은 곧 내 손 안의 AI쇼핑 컨시어지(Concierge: 고객이 요청하는 다양한 업무를 자원하는 서비스전문가)로 인식될 공산이 크다.

　기존에는 구글을 검색하고 쇼핑몰로 이동함과 동시에 필터링과 구매라는 긴 과정이 필요했지만 챗GPT의 등장으로 대화로 쇼핑하고 맞춤형 장바구니로 빠르게 자동생성할 수 있게 되었다. 이렇게 되면 쇼핑이 검색 기반에서 대화 기반으로 이동하는 패러다임의 변화가 생기고 광고, 검색 기반 마케팅 전략이 흔들림으로써 AI 추천 최적화가 핵심전략으로 부상하게 된다.

　　　　　　　　브랜드는 변해도 마케터는 남는다

챗GPT쇼핑 시나리오

1) 사용자: "나 내일 발표할 때 입을 10만 원대 정장 추천해줘."

챗GPT 후보를 뽑아주고 바로 구매 페이지까지 연결해 준다.

2) 사용자: "40대 직장인 남성에게 어울리는 10만 원대 세미 캐

주얼 재킷 하나 골라줘."

챗GPT 키, 연령, 직업, 예산에 맞는 제품을 추천하고 관련 정

보를 함께 제공한다.

결론적으로 AI는 소비자의 질문에 답하는 수준을 넘어 대화를 통해 취향과 니즈를 학습하고 결과를 제공하는 쇼핑 파트너로서 역할을 다할 것 같다. 앞으로 쇼핑뿐 아니라 전 분야에 미칠 변화가 고맙기도 하지만 섬뜩해지기도 한다.

고객의 습관을
도발하라

사람들에게는 논리와 감성의 프로세스가 있다. 이를테면 논리를 타고 와서 감성적인 판단을 하며 논리적으로 상대방이 넘어오면 그 논리는 그다지 중요하게 여기지 않는다.

예를 들어 애플의 아이팟이 시장에 진입했을 때 당시 MP3 시장은 크지도 않은 시장이었음에도 선두주자들이 치열한 경쟁을 벌이고 있었다. 아이팟은 앞선 경쟁사의 제품보다 비쌌고 저장용량은 적었지만 디자인의 파워가 타 경쟁사 제품보다 앞섰다.

결론적으로 감성적인 판단을 도모할 기발한 디자인과 이를 뒷받침할 새로운 습관

   브랜드는 변해도 마케터는 남는다

이 시장 승기의 원인이 되었다.

그것은 다름 아닌 '클릭휠'이었다. 이 아이디어는 별도의 사용설명이나 연습 없이 쉽게 익힐 수 있는 장점이 있었다. 기존의 MP3 플레이어는 곡을 찾기가 고문에 가까웠는데 표면을 문지르고 누르는 감각적인 장치가 직관적으로 해결해 주었다.

여기서 논의해야 할 사안은 고객만족CS의 효용성브다 고객습관customer habituation이 만드는 결과이다.

고객만족 전문가인 닐 마틴Neale Martin에 따르면 만족한다고 응답한 고객의 8%만이 재구매한다고 한다. 거꾸로 불만족한 고객이라 해서 브랜드를 기피하지 않는다 하며, 고객이 마일리지가 쌓여 있다 해도 다른 카드회사로 옮기지 않는 경우가 바로 그것이라고 했다.

이제 불황기에 기업은 제품과 서비스의 만족도보다는 기존 고객의 습관에 초점을 맞추어야 한다.

통상 스타벅스의 성공 요인이 좋은 원두와 감성적 접근이라는 분석이 있다. 그러나 '편의성을 통한 습관 형성'도 간과해서는 안 된다는 것이다. 강남에 있는 스타벅스의 분포를 보라. 골목골목마다 자리한 스타벅스 매장들….

찾기 쉽고 접근하기 쉬운 스타벅스 매장에 사람들의 습관은 쉽게 길들여졌다.

슬세권(슬리퍼를 신고도 백화점, 마트, 영화관 등 각종 편의시설을 쉽게 이용할 수 있는 주거지역)이라는 신조어는 저절로 생긴 것이 아니다. 이는 프랜차이즈 매장들을 가까이 위치 시키지 않는다는 통념을 깬 철저한 고객습관화에 의지한 전략이었다.

심리학자 수잔 피스크Susan Fiske는 사람들을 '인지적 구두쇠'라 칭했다. 두뇌가 정보 처리를 할 때 많은 에너지를 사용하는데 되도록 그 에너지를 절약하려 든다는 것이다. 예컨대 제품을 구매할 때마다 그 제품을 새로이 평가하는 것이 아니라 늘 하던 대로, 즉 습관에 따라 구매하는 경우가 대부분이다.

그러나 신규 제품을 출시할 때는 기존의 습관을 파괴하여 새로운 습관을 창출하는 일종의 도발적인 전략을 구사해야 한다.

고객이 새로운 습관을 형성하고 특정 브랜드에 충성도를 가지기까지는 다수의 시간이 소요된다. 이 시점에서 기업은 고객의 감정을 자극하고, 브랜드에 대한 감정적 가치를 서서히 강화하는 데 중점을 두어야 한다. 이를 '감정 강화 마케팅'이라 한다.

사람의 행동 변화는 단기간에 이루어지지 않으며 마케팅

    브랜드는 변해도 마케터는 남는다

캠페인으로 고객의 습관을 변화시키는 것은 단기적으로 불가능하다는 것을 명심해야 한다. 그렇다고 해서 고객의 습관, 즉 행동 패턴을 방치해서는 안 된다. 고객은 원래 불만이 있어도 익숙한 브랜드, 편한 루틴을 계속 사용한다. 매일 같은 편의점, 같은 커피브랜드를 찾는 경우가 그것이다.

혁신은 이들의 습관을 깨뜨릴 때 시작되며 이것이 기회로 작용한다. 다이슨 청소기는 출시 전 고객에게 "왜 무겁고 묶인 청소기를 계속 쓰시나요?"라고 불편을 자극하여 무선청소기 시대를 개척했다. 아울러 습관 도발을 깨기 위해서는 대안 경험을 제시해주어야 한다.

앞서 얘기한 대로 불만만 제시하기보다는 다른 경험을 고객에게 주어야 한다. 스타벅스가 집, 사무실, 길거리에만 있던 커피 습관을 제3의 공간으로 도발한 것은 일종의 대안 경험을 제시한 것으로 본다.

마지막으로 습관을 끊기 위해서는 고객의 감정적 반응을 꾸준히 자극하고 그들이 브랜드와의 정서적 유대를 형성하도록 해야 한다. 나이키의 "Just Do It"처럼 단순한 운동화가 아니라 습관화된 나태함을 도발, 행동으로 촉구한 사례가 그것이다.

여기서 한 가지 주목할 점은 고객들은 다양한 제품을 구매하고 여러 브랜드를 시험(충동 구매)해 보지만 특정 제품이나 회사가 감정적 보상을 제공할 때 그 브랜드에 더 큰 관심을 가진다는 사실이다. 결국 공감, 진정성, 존중을 바탕으로 고객의 감정을 어루만지는 전략은 기존 브랜드에서 이탈하거나 새로운 습관 창조를 배제함으로 나아가 불황기를 극복할 핵심 경쟁력으로 부상할 가능성이 높다.

 브랜드는 변해도 마케터는 남는다

가치 혁신은 블루오션의 전조증상일까?

불황기가 오면 마케터나 CEO들은 기존의 마케팅 전략으로 고객에게 어필하거나 시장지배력이 어렵다고 생각한다. 그만큼 상황이 안갯속으로 빠져들고 여러 변수가 발생한다. 이럴 때마다 입에 오르내리는 것은 '가치 혁신'이다. 이는 경쟁하기보다는 경쟁 없는 신시장을 개척하여 지속 가능한 상태를 유지하는 것이다.

우리 주변에서 가치 혁신 기업을 찾는다면, 뮤지컬과 연극으로 서커스의 새로운 경지를 세운 '태양의 서커스'와 한때 승률보다는 콘텐츠 비즈니스로 재미를 톡톡히 본 영국의 '맨체스터 구단', 베이직 캐주얼의 '유니클로', 조립식 가구로 유니크한 경쟁력을 갖고 있는 '이케아' 등의 사례를 들수 있다.

여기서 정의하고 가자면 가치 혁신은 징후이고 블루오션은 결과라 할 수 있는데, 전자는 새로운 가치와 제안을 발견한다면 후자는 경쟁 없는 시장의 창출이며 변화의 시작과 결과로 나누어진다. 결국에는 고객경험을 혁신함에 따라 완전히 새로운 산업구조를 만든다고 할 수 있다. 그렇다면 전통적인 전략과 가치 혁신은 무엇이 다른가?

1) 전통적인 전략은 경쟁사를 공격하지만 가치 혁신은 고객에게 제공하는 가치를 획기적으로 창조해 경쟁을 무관하게 한다.

예) 일본에는 히트상품 최정상에 오른 '초코잡'이라는 무인 헬스가 있다. 이 헬스장은 기존 헬스클럽과 달리 운동복을 갈아입지 않고 지나가는 길에 잠깐 들러 틈틈이 운동할 수 있는 편의를 제공한다고 한다. 24시간 아무 때나 이용할 수 있는 이 무인 헬스장은 간단한 운동기구와 체성분 측정기, 여성 고객을 위한 셀프 제모기도 갖추고 있다고 한다.

2) 전통적인 전략은 산업의 조건이 주어지지만 가치 혁신은 만들 수 있다.

예) 퍼마일 자동차 보험은 주행거리만큼 보험료를 후불로 받으며 코로나19 관련 클럽메드는 여행자 보험을 제공한다. 기존 보험업계의 관행을 꺾고 고객에게 편의를 주었다는 점에서 가치 혁신의 새로운 면모를 보게 된다.

3) 전통적인 시장은 시장트렌드를 따라가지만 가치 혁신은 주도한다.

예) 데스크톱 PC와 노트북에 익숙한 고객은 태블릿이라는, 전혀 다른 상품의 필요성을 인지하지 못했다. 실제로 태블릿이 시장에 나왔을 때 사용 용도가 무엇인지 곤란해하는 소비자가 많았다고 한다. 그러나 태블릿은 노트북 시장을 위협하는 제품이 되었다. 이는 트렌드를 선도하는 가치 혁신의 본질이다.

4) 전통시장은 기존의 자산과 역량을 활용하지만 가치 혁신은 제한 없이 새로운 역량을 창조한다.

예) 우리에게 '흔들리지 않는 편안함'으로 유명한 시몬스침대는 최근 불에 타지 않는 난연 매트리스를 개발하였다. 이

제품의 런칭은 150년이 넘는 시몬스만의 창의적 기술과 이로 인한 역량의 결과이다.

최근 이케아의 사례를 통해 가치 혁신 기업의 실면모面貌를 알아보도록 하자. 이케아는 2025년 '쾌적한 수면'이라는 비전을 세우고 과학적인 방법으로 수면의 질을 개선할 수 있도록 매트리스와 소파베드는 물론 조명, 공기청정기, 홈스마트 서비스까지 연계한 '수면라인업'을 선보이고 있다.

환경적인 변수로 불면증을 겪는 인구가 늘어나면서 수면 관련 시장은 2020년 599억 달러에서 2030년 1,119억 달러까지 두 배 이상 성장할 것으로 전망하고 있다.

과거 이케아는 조립식 가구에만 주력하여 매트리스나 토퍼(침대 위에 올려 쓰는 얇은 매트리스) 분야에서 두각을 나타내지 못한 것이 사실이었다. 이런 어려움을 극복하고 이케아는 가치를 혁신하기 위하여 쾌적한 수면에 첨단 기술을 접목한 '슬립테크' 시장에 진입하였다. 또한 이 시장 진입 후 토퍼의 경우 수면 중 움직임이 적은 고객에게 적합하도록 만든 메모리폼 토퍼를, 자주 뒤척이며 자는 고객에게는 폴리우레탄 재질의 토퍼를 제공한다. 매트리스의 경우 140kg 롤러로 50,000번 압력테스트를 한다고 하는데 이를 확대하여 조명, 온도,

   브랜드는 변해도 마케터는 남는다

공기, 소리까지 수면 제품 생태계를 만든다고 한다.

종종 컨설팅 중에 만난 경영자들이 묻는 공통적인 질문은 "가치 혁신의 원리는 무엇이냐?"라는 것이다. 그것은 다름 아닌 원가 절감과 품질의 차별화라고 할 수 있다. 아울러 고객 관점에서의 가치 혁신은 새로운 시장 창출과 비고객흡수(기업이 전혀 신경 쓰지 않는 고객, 예를 들어 면도기 시장의 여성 제모기), 가치의 획기적인 변화 및 제공 가치와 지불 가치를 동일하게 하는 것이다.

결론적으로 가치 혁신과 블루오션을 한 문장으로 정의하면 가치 혁신은 블루오션이 오기 전, 기업 내부에서 감지되는 진화進化의 미세한 진동이라 표현해도 무방할 것 같다.

마케팅,
낡은 이론 버리기

챗GPT가 난무하고 디지털 전환이 대세가 되고 있는 지금, 아직도 낡은 마케팅 이론에 얽매인 퇴행적 기업이 존재하는가? 그 불편한 진실에 접근해 보기로 하자.

강조하기는 필자의 '마케팅, 낡은 이론 버리기'는 단순히 트렌드를 따라가자는 의도가 아니라 더 이상 고객의 마음을 움직이지 못하는 낡은 프레임을 버리자는 일종의 선포이기도 하다. 그렇다면 왜 낡은 이론을 버려야 하는가?

과거의 고객은 타깃이었지만 현재 고객은 '공동 창조자'로서 위상이 바뀌었으며,

예측이 가능한 시장은 '불확실성과 상호작용'의 장으로 바뀌었다. 아울러 기업이 브랜드를 만드는 시대에서 고객이 참여하여 완성하며, 설득하기 위해 광고를 하던 시대에서 경험으로 납득시키는 프레임의 전환이 있다.

기존 마케팅과 광고의 역할 중 정보의 기능이 전환되다

과거, 광고의 날 기념 광고 카피를 보면 "만약 지금 읽고 계신 신문에서 광고가 사라진다면 어떤 일이 생겨 날까요?" 하고 반문하고 있다.

과거의 광고 마케팅의 정보 기능은 단순히 알린다는 차원에서 제품 자체와 장소를 알려주는 기능으로 제품 선택의 폭을 넓히는 데 그 주안점을 두고 있다.

그러나 정반대로 최근 소비자의 무의식을 공략하는 뉴로마케팅Neuromarketing은 뇌 속에서 정보를 전달하는 신경 뉴런neuron과 마케팅을 결합한 단어로 무의식적 반응과 같은 두뇌 활동을 분석해 마케팅에 접목시키고 있다.

이 신 마케팅 기법은 과거를 잊어버리고 브랜드 선택 결정력에 무의식을 사용하고 있으며 소비자들도 자신이 원하는 것을 모르는 경우가 많으므로 "믿지 마라."라고 충고하고 있다. 아울러 뇌리에 남겨 무의식적 반응을 유발하거나 뇌 호르몬의 분비 농도와 뇌의 구조적 특성에 따라 각기 다른 행동 양식과 성격을 가진다는 전제하에 고객의 반응 차이를 인정하도록 권유하고 있다.

단순히 매체를 통해 크리에이티브한 방법으로 고객의 구매를 유도하는 방법은 전근대적인 접근이라 아니할 수 없다.

마케팅은 교환의 과정이다?-그때는 맞고 지금은 틀리다

마케팅의 아버지 필립 코틀러Philip Kotler는 마케팅의 기능을 '교환'에 초점을 두고 다음과 같이 정의하였다.

"교환 과정을 통해 인간의 필요와 욕구를 만족시키기 위해 수행하는 일련의 인간 활동이다."

여기에 미국마케팅협회AMA는 "마케팅은 고객과 조직의 목표를 충족시키기 위한 교환이 일어날 수 있도록 상품, 서비스, 아이디어의 설계 및 가격 결정, 촉진, 유통을 계획하고 실행하는 과정이다."라며 교환의 기능을 유독 강조하였다.

이 정의에 마치 반기를 든 것 같은 사례가 있다. 2014년 스타벅스의 사이렌오더는 선불 요금제를 들고 나와 교환의 정의를 무색하게 하였다. 어떤 교환 과정도 없이 미리 선불로 충전하는 시스템이었는데 사전에 입금된 요금은 매장에 재투자하거나 인건비 및 임차료 지급 등에 활용하였으며 당장 사용되지 않는 돈은 예금 및 안전자산에 재투자하였다.

놀라운 것은 은행과 달리 운용상 규제를 받지 않는다는 것이며 추후 스타벅스가 대형핀테크로 전환하거나 확장할 것이라는 예측에 힘을 받게 하는 요인이 되고 있다.

아직도 과거의 이론에서 벗어나지 못하였다면 이 기회에 과감히 파괴하거나 전환하라. "관리하지 말고 리드하라."라는 잭 웰치의 고언도 이쯤 되면 의미하는 바가 크다.

설득하기보다는 데이터를 분석하라

기존 광고에서 가장 눈에 띄는 것은 '설득'이라는 용어이다. 이는 소비자의 감정을 움직여 무의식중에 제품을 구매하는 기능으로 이를 위해 마케터들은 시장 정보를 수집하거나 분석하기도 하고 광고, 판촉, 판매경로 등 다양한 범위의 시장조사를 실행해 왔다. 물론 이는 욕망과 필요라는 두 축에 의해 작동되었다. 현재는 빅데이터 분석에 의해 콘셉트를 바꾸거나 타깃이나 전략을 과감히 전환한다.

따라서 설득이라는 기능은 더 이상 찾아볼 수 없는 구시대 단어가 되었다.

유유산업의 '베노플러스'는 흉터치료제였다. 그러나 단순히 흉터치료제로 런칭하기 전 빅데이터 분석(26억 건의 소셜네트워크 데이터)을 해 보았더니 그들이 타깃으로 초점을 맞춘 20~30대의 여성 중 성형이나 피부 관리에 관심이 많은 이들은 '멍'이라는 키워드에 민감함으로 수요의 가능성도 높아 보였다.

따라서 진통소염제 카테고리 안에서 20여 년간 의존해 왔던 전략을 수정하려고 부종 완화 기능을 우선시하지 않고 타깃이 원하는 '멍 빼기' 기능으로 초점을 맞춘 것도 어찌 보면 신의 한 수였다.

이제 마케터들은 빅데이터를 분석하고 왜 그런 결과가 나왔는지 꼼꼼히 물어보는 데 주저하지 않는다. (정성적 분석)

이미지는 가라, 진정성이 필살기!

과거 브랜드 이미지는 마케팅의 중요한 도구였다. 마음속에 형성되는 제품이나 서비스, 회사에 대한 연상 및 상호작용…. 이미지는 언제까지 존재할까?

최근 소비자는 광고를 보며 이렇게 묻는다. "최불암은 정말 인사돌을 복용할까?", "이영애는 진짜 자이아파트에 살까?"

얼마 전에는 배우 신민아의 실제 주거장면을 촬영한 아파트의 전경이 CF에 떴다. 왜 그럴까? 이는 미국도 마찬가지다.

　　　　　　　브랜드는 변해도 마케터는 남는다

광고에 나온 맥도널드 햄버거와 실제 햄버거의 크기를 따지고 미국 콜롬비아 커피의 상징인 후안발데스가 농부가 아니고 콜롬비아인도 아니라고 설왕설래한다.

2006년 비즈니스위크가 다룬 미국 슈퍼마켓 체인 세이프웨이를 다룬 기사에서 쓰기 시작했다는 '진정성' 마케팅 패러다임이 이미지를 밀어내고 대세를 이루고 있다.

동물실험을 하지 않는 화장품 러쉬나 친환경적인 원료, 천연원료들로 만들어진 생활용품에서 '진정성'이라는 코드는 자연스럽게 안착되었다.

과거 소비자들은 기업보다 불안전한 정보와 제한된 대안 속에 구매 의사를 결정해야 한다는 전통적 전제조건이 상존하였는데 작금엔 기존 광고의 불신을 극복하고 소셜디디어가 사회 관계 유지의 핵심 채널로 부상하여 구매 과정의 정보량이 증대함으로 앞선 문제들이 일시에 해지되었다.

아울러 상품 정보와 실제 속성이 일치할 때 얻어지는 기회를 획득할 수 있다는 점도 진정성 마케팅의 부상을 촉진하는 확실한 계기가 되었다.

그럼 새로운 이론의 광고, 마케팅은 어떻게 변했는가?

예전엔 '기술과 가격'으로 승부한 자동차 광고도 '감성, 철학, 지속 가능성'을 강조하거나 브랜드 경험 중심으로 전환되었으며 맥도날드의 경우 AI를 통해 날씨, 시간, 교통, 지역행사에 따라 메뉴판이 실시간으로 바뀌었다. 예를 들면 더운 날엔 아이스크림, 콜라가 자동 노출되었으며 출근 시간에는 커피와 베이컨 머핀을 강조했다.

또한 에어비앤비는 공유경제와 커뮤니티 중심의 관계 마케팅을 적용하여 고객이 콘텐츠 생산자이자 브랜드 홍보대사 역할을 수행하게 하였다. 이는 소비자가 곧 마케터가 되는 구조의 신 마케팅이다.

***낡은 이론 대신 대체된 신 마케팅 5대 코드**

구분	구마케팅	신마케팅
중심	제품(Product)	고객경험(Experience)
접근	설득(광고 중심)	공감(참여, 대화 중심)
전략	대중 타깃	개인화, 데이터 기반
매체	TV, 신문	디지털, AI, SNS
목적	판매	관계, 참여, 지속적 연결

 브랜드는 변해도 마케터는 남는다

오프라인 구독, 불황의 벽을 뚫다

최근 스타벅스는 매장에서 음료 할인을 받을 수 있는 유료 구독서비스, 일명 버디패스Buddy Pass를 시작했다. 통상 구독경제란 소비자가 기업에 회원가입을 하고 매달 일정액을 지불하면 정기적으로 상품을 배송받거나, 각종 할인을 받는 온라인 중심의 경제 모델이다.

이는 고객의 구매 의욕을 돋우며 고객이 다른 상품까지 아울러 구매하도록 유도할 뿐더러 록인효과(lock-in: 자물쇠)와 연쇄소비를 늘려나가므로 온라인을 넘어 오프라인에 진출했다는 점에서 시사하는 바가 크다.

그렇다면 구독서비스는 어떻게 출현하게 되었는지 그 배경을 알아보자.

첫째, 디지털기술의 발달로 말미암아 콘텐츠의 종류와 양이 폭발적으로 증가하고 있기 때문이다. 둘째, PC 및 모바일 등 접근 방식이 다양해지고 있다.

경제학자 제러미 리프킨은『소유의 종말』에서 소유의 시대를 넘어 접속과 이용의 시대를 예측했다.

아울러 컨슈머(시장점유율)에서 큐레이슈머(개발 참여, 구독)까지 진화된 고객의 발전과 소유(구입한 만큼 지불)와 공유(사용한 만큼 지불) 그리고 구독경제(일정액만 지불)의 경제 흐름도 한몫을 하고 있다.

스타벅스 외에 최근 편의점업계에서도 이런 흐름이 위력을 발휘하고 있다. 일례로 세븐일레븐은 작년 연말 샴페인 구독권을 출시했다. 월 9,900원으로 한 달간 총 3회에 걸쳐 샴페인 7종을 10% 할인 받을 수 있는 구독권을 발매하였는데 판매 후 1분 만에 초도물량 500개가 완판되었다.

동일 업종 CU도 1,000원에서 4,000원 내의 월 구독료를 내면 품목별로 할인해 주는 서비스를 운영하고 있다.

hy(옛 야구르트)는 자사 온라인몰 '프레딧'에서 생필품, 화장품 등을 정기배송 품목에 추가했으며 초기 400개 수준이던

　　　　　　　　　　　　브랜드는 변해도 마케터는 남는다

상품은 현재 타사 제품도 포함해 1,100개 이상으로 늘어났으며, 이는 전국에 퍼져있는 기존 야구르트 배송망을 다른 정기구독으로 확산시키게 하는 포석으로 여겨진다. 현재 hy의 유료가입자 수는 4만 명을 넘어섰으며 전체 매출에서 멤버십 고객 비율이 작년 대비 25%에서 33%로 괄목할 만한 증가를 이루었다.

더불어 소비가 위축되는 시기에 관계 중심의 구독모델은 '가격'이 아닌 지속적인 관계와 체험의 가치로 불황의 벽을 뚫는다는 평가도 받고 있다. 이를 목표로 한 구독경제의 예를 더 들어보자.

1) 교보문고의 '북클럽교보'

구독모델을 설정하기 전 교보문고는 온라인서점에 밀려 오프라인 방문이 급감했으며 도서구독서비스는 이미 포화상태에 있었다. 북클럽교보는 이 문제점을 해결하기 위해 먼저 단순 도서 대여가 아닌 '큐레이션 오프라인 구독'으로 전환했으며 회원제 공간, 작가와의 만남, 북토크 혜택 등 파격적인 서비스를 실행했다.

이는 고객들이 교보문고를 책을 사는 공간이 아니라 책을 경험하는 공간으로 인식하게 만들기에 충분했다. 결과는 폭발적이었다. 먼저 2030세대 재방문율이 상승했으며 매장 체류 시간이 평균 1.8배나 증가했으며 구독회원이 오프라인 매출에 30% 이상 기여하고 있다고 한다.

2) 블루보틀 커피 테이스팅 구독모델Tasting Subscription

블루보틀의 커피 구독은 온라인배송 중심으로 이루어졌는데 이로 인해 매장 방문이 감소했으며 자신들의 주특기인 '체험형 프리미엄 브랜드'의 정체성이 악화되는 위기에 처했다. 이들은 매장 중심의 'Tasting시음 구독'모델을 도입했다. 이를테면 월정액으로 매장에서 매일 다른 원두 시음이 가능하게 했으며 바리스타와의 대화와 커피 클래스를 제공하였다. 나아가 '오프라인 커뮤니티'로 브랜드 충성도를 강화했더니 일단 재구매율이 40%에서 67%로 상승했으며 단골 고객이 자발적 브랜드 홍보자Advocate로 전환되었다.

3) 아모레퍼시픽의 뷰티 구독

아모레퍼시픽의 위기는 역시 코로나 이후 백화점 방문객이 급감하고 온라인 채널 급성장으로 오프라인 매장의 매출이 정체되면서 시작되었다.

이들이 낸 자구책은 오프라인 중심으로 '뷰티 구독'이라는

　브랜드는 변해도 마케터는 남는다

명목하에 재설계하여 실질적으로 비용 부담 없이 프리미엄 혜택을 누리게 하는 일이었다.

공식몰에 가입비 월정액을 납부하면 가입비 100%를 페이백 해주거나 포인트 환급, 프리미엄 사은품 4종 추가 증정, 기프트카드 페이백 등 뷰티 멤버십 서비스로서 판매에 앞서 관계강화에 최적이었다.

특히 1:1 진단은 이 구독서비스의 방향이 어디 있는지 여실히 보여주고 있는데 구독회원만 이용 가능한 '피부컨시어지룸' 운영도 그런 의도로 보인다.

이들 사례로 보면 전통 비즈니스와 구독경제의 확연한 차이를 엿볼 수 있다. 전자의 경우 히트상품을 많이 판매해 마진을 높이는 것이 목표라면 후자는 특정 고객의 수요를 바탕으로 가치 있는 서비스를 판매한다는 점이다. 구독자와 상품의 경쟁 결과라 보아도 무방하다.

더구나 구독경제는 단품 및 정품으로 구매 전 샘플 상품이나 서비스를 미리 경험하고자 하는 고객이나, 보다 일찍 새로운 상품을 이용하고 싶은 얼리어답터에게 효율적으로 어필할 수 있다는 장점이 있다.

특히 새로운 기술이나 트렌드, 아이디어 상품의 경우는 이들에 의해 경쟁우위를 확보할 수 있으며 예상외의 시장점유율 확보 및 고객 충성도 향상과 브랜드 평판을 얻을 수 있다.

따라서 고객에게는 복잡한 상품 검색과 의사결정의 비용을 최소화하며 일상의 재미와 만족감을 높여 주며 기업에는 안정된 수입(장기결제)과 충성고객을 확보하여 고객이 선호하는 상품과 서비스 등의 데이터 추적과 수집에 용이하다.

혹자는 제한된 자원과 비용으로 최대한 만족을 얻는 효용이론에 빗대어 말하기도 한다.

그렇다면 앞서 예를 든 스타벅스, CU, hy, 교보문고, 아모레퍼시픽, 블루보틀 등의 사례처럼 온, 오프라인 구독경제가 성공의 모델이 되기 위해 어떤 요소를 도입해야 하나?

먼저 명확하게 소비자의 가치를 인정해 주는 차별화된 서비스 차원에서 도입해야 한다. 아울러 소비자들이 지불할 수 있는 가격을 책정해 주어야 한다. 한마디로 적절한 수준의 요금을 책정해 주어야 한다.

마지막으로 hy와 블루보틀의 경우처럼 타 상품에도 적용할 수 있는 비즈니스모델과 충성도 높은 핵심 팬을 강화하여 지속적인 확장, 즉 관계 복원에도 힘쓸 일이다.

불황기 온, 오프라인의 구독경제가 필수적인 대안으로 떠오르고 있다.

  브랜드는 변해도 마케터는 남는다

불황기에 왜why라고 질문하고 답하면 얻어지는 확실한 결과

1) 하버드대학에서 화학을 공부했던 에드윈 랜드Edwin Land라는 사람은 관광 기술을 이용한 여러 사업을 하고 있었다. 어느 날 그는 가족과 함께 해변으로 놀러 가 사진을 찍던 중 세 살 된 어린 딸로부터 다음과 같은 질문을 받는다.

"아빠, 사진을 찍으면 왜 금세 볼 수 없는 거예요?" 이 단순한 질문에 그는 4년 후 1947년에 폴라로이드라는 즉석카메라를 발명한다.

2) 우리가 잘 아는 애플의 아이폰은 "왜

휴대전화는 통화만 해야 하지?"라는 질문에서 시작되었다. 이에 대한 질문은 전화, 음악, 인터넷이 따로 존재하는 것에 대한 답답함의 토로였다. 결국 그는 디지털기기의 기능이 아닌 그 유명한 '사용자 경험'을 재정의 하였고 드디어 '손 안의 컴퓨터'를 만들어 내었다.

3) 무인양품MUJI이 던진 질문은 "왜 브랜드를 드러내야 하지?"였다. 대부분의 브랜드는 로고와 포장을 강조하였는데 무인양품의 질문은 "로고가 없으면 소비자는 더 본질에 집중하지 않을까"였다. 한마디로 노브랜드로 승부를 보자는 것이었다. 실제로 그들은 제품 자체에 브랜드 각인이나 로고를 남기지 않고 실용성과 품질에 집중하는 디자인을 추구한다. 과연 무인양품의 로고 없는 디자인 철학은 무엇인가? 먼저 무인양품은 브랜드 대신에 기능이나 특징을 담아 별도의 로고 없이 인식하도록 설계한다. 아울러 심플함과 실용성을 중시하고 디자인에도 단순함을 추구해 소비자에게 부담 없는 소비 경험을 제공한다.

4) "왜 운동화는 조립해야 하지?" 나이키 디자이너의 이 질문은 결국 "신발을 한 번에 '짜서' 만들 수 없을까?"였다. 기존

    브랜드는 변해도 마케터는 남는다

의 신발은 여러 조각을 꿰매거나 붙이는 방식이었다. 결과는 니트 원단으로 하나의 구조체처럼 제작한 나이키 플라이니트Nike Flyknit가 탄생되었는데 한 조각으로 직조된 실을 사용해 지지력, 통풍성, 유연성을 동시에 제공하도록 설계된 나이키만의 혁신적인 제품이었다.

5) 지금은 고전적 사례가 되었지만 오늘날 다이슨 청소기의 질문은 "왜 먼지를 모으는 백이 필요하지?"였다. 기존 시장에서는 먼지 모으는 구조가 당연하다고 여겨졌다. 그때 제임스 다이슨이 물었다. "왜 먼지를 모으는 봉투가 금방 막히고 흡입력이 떨어질까?" 결국 그는 먼지 봉투가 필요 없는 싸이클론 테크놀러지를 발명했다.

이는 강력한 원심력을 통해 흡입한 먼지를 공기로부터 분리해 내는 기술이었다.

어린아이는 "왜"라는 질문을 자주 던진다. 어른들은 당연하게 여기는 것들을 아이들의 천진난만한 눈으로 보면 새롭고 신기하게 보인다.

"엄마, 새는 왜 날아다니나요?"라는 질문을 우리는 전문적인 용어로 '순진한 왜innocent why'라고 부른다. 가만히 세상의 발명품을 들여다보면 이렇게 순수한 마음으로 던지는 질문이 해법과 기회를 낚는다.

새벽배송의 마켓컬리, 과거 고객이 온라인으로 주문한 사양에 맞춰 부품을 조립한 다음 미국 어디든 48시간 내에 배달하는 것을 원칙으로 했던 델컴퓨터, 소비자가 직접 운반하고 제작해 조립과 배송비용이 없는 DIY 제품을 판매한 이케아가 다 이런 경우이다.

왜 사람들은 익숙하고 당연한 것에 '왜'라는 심플한 질문을 던지고 그 답을 찾아갈까? 왜라고 물으면 긍정적인 면과 부정적인 면 모두를 탐색하게 되고 기존 정보를 수동적으로 받아들이지 않고 분석하는 능력이 향상된다고 한다.

더불어 사고능력이 향상되어 의사결정에 유의미한 영향을 미치게 되는데 좀 더 깊이 들여다보면 이 질문은 창의성과 연결이 되어있다.

먼저 창의성은 깊은 호기심에서 비롯되며 창의적인 사람들은 기존의 지식이나 이론에 질문을 제기하는 부류이다. 아울러 문제 해결책을 창의적으로 찾기 위하여 '왜 이렇게 하면 안 되지?'나 '나는 왜 이 길로 가는 것이 싫을까? 다른 길은 없을까?' 하고 기존 사고에 거듭 도전을 한다.

여기에 그치지 않고 문제나 현상에 대해 깊이 있게 생각하

   브랜드는 변해도 마케터는 남는다

고 나아가 뇌에 문제를 계속 저장해 둔다.

아이디어 발상 과정 중 아이디어가 발효되고 소화하는 부화 단계, 즉 통상적으로 어느 순간 반짝이거나 새로운 해결책의 인사이트가 생기는 과정을 이끌어 낸다. 한마디로 깊이 있는 이해와 통찰력이 생성된다.

마지막으로 '왜'라고 물으면 문제 해결 방식이 다양화되고 새로운 관점에서 바라보게 된다. 창의성은 문제를 해결하는 새롭고 독특한 방법을 찾는 것과 관련이 있으며 문제의 근본적인 원인을 파악하고 전통적인 해결책을 배제한다.

아울러 새로운 관점은 기존 아이디어에 대한 반전이나 혁신, 문제에 대한 깊이 있는 이해를 바탕으로 새로운 솔루션을 찾아가게 하는데, 이는 아이디어 과정의 백미라 할 수 있다.

예를 들어 초기 스타일러 아이디어의 원천은 '습기를 제거하는 옷장'이었다. 한마디로 옷장이 습기제거제의 역할을 대신하도록 만들겠다는 것이었다. 스타일러는 여기에 항균, 탈취, 구김 제거까지 더해 보자는 의견을 붙여 탄생하게 되었다.

결국 '드라이클리닝' 한 듯한 정장을 매일 입을 수 있게끔 하자는 콘셉트의 제품이 되었다.

우리의 뇌는 휴리스틱스, 즉 효율적인 지름길을 사용하기

원한다. 물론 고정관념을 깨고 새롭게 생각하는 일은 누구에게나 쉽지 않지만 '왜'라는 질문이 풀어가는 과정, 특히 불황기에 고객에 대한 반응과 시장의 변화, 마케팅 전 영역에 이르기까지 '왜'라는 질문은 복잡한 문제를 풀어가는 하나의 솔루션이 될 것이다.

예측의 오류에서 배우는 기가 막힌 반면교사

미래학자 최윤식의 책 『통찰의 기술』에서는 4가지 범주로 미래를 유의미하게 분류해 놓았다. 첫째 논리적으로 제법 그럴듯하게 갖춘 미래요 또 하나의 미래는 확률적으로 일리가 있는 타당한 미래이다. (통계에 의존하는 경향 농후) 아울러 폭발적인 이슈가 있지만 발생확률이 낮은 임의의 미래도 있는데 규범이나 비전에 따라 선호하는 미래처럼 미래를 예측하여 위기를 관리하고 앞선 시장을 선도하기도 한다.

미래를 얘기하다 보면 예측이라는 단어의 조합을 상상하기도 하는데 지금에 와서 생각하면 어이없는 예측이 우리를 실소하게 한다. 그 오류로부터 우린 어떤 발전을 도모했는가?

1) 1876년 이 시기에 전화보다 메시지를 인편으로 전달해주는 메시지 소년을 더 좋아했다. (전보소년이라 불리는 이들은 19세기부터 20세기 초반까지 전보를 전달하였다.) 이 시기에 전화는 실험적인, 한마디로 못 믿을 대상이었다.

2) 1889년 에디슨은 교류로 장난치는 것은 낭비라 보았다. 전기가 도입된 이후 직류를 이용한 에디슨의 입장에서는 교류라는 것이 라이벌로 느껴졌다. 니콜라스 테슬라의 교류 주장은 그로서 받아들이기 힘든 사실이었는데 놀라운 것은 역사의 승자는 교류시스템이었다.

3) 1903년에 말은 사라지지 않고 오히려 자동차는 일시적 유행이라고 보았다. 그러나 이 해에 자동차산업의 모태가 된 포드사가 창립되었으며 그 후 포드모델 T가 미국 전체 시장의 반을 차지했다.

4) 1966년 원격쇼핑은 충분히 가능하지만 실패할 것이라 보았다.

5) 1961년 미국에서 더 나은 전화, 전신, 텔레비전 또는 라디오 서비스를 위해 인공위성이 쓰일 가능성은 거의 없다고

  브랜드는 변해도 마케터는 남는다

했다.

6) 1981년, 휴대전화는 절대 유선전화를 대체하지 못할 것이라고 했다. 그 이유로 최초로 상용 휴대전화도 출시되지 않았고 관련 네트워크도 구축 중이었다.

7) 1995년 인터넷은 곧 정점에 달하고 96년에 붕괴되리라 보았다.

8) 2005년 유튜브에는 보고 싶은 영상이 많지 않을 것이며 다음 해엔 애플이 휴대폰을 만들지 않을 것이라고 아이폰의 추락을 예측했다.

이런 잘못된 예측에서 우리는 한 가지 교훈을 얻는다.

먼저 이 예측을 하기까지 어떤 인과관계가 있는지 꼼꼼히 살펴보아야 한다. 아울러 이 예측이 발생할 가능성이라든지 발생 확률, 그리고 예측된 사건이 미치는 영향력을 가늠해 보는 것이 오류를 줄이는 길이라 조언해 주고 싶다.

근래에 들어 교훈으로 남은 몇 가지 오류를 짚어보도록 하자.

1) 노키아 - "스마트폰은 틈새시장일 뿐이다."

당시 노키아는 피처폰 시장의 지배력에 안주했다. 그들의 오류는 시장점유율이 아니라 고객 경험 점유율이 미래를 결정한다는 것을 간과했으며 기술보다 사용자 가치 중심의 위력을 예측하지 못했다.

2) IBM - "개인이 컴퓨터를 가질 필요가 없다."

1970년대 IBM 내부에서는 "컴퓨터는 전산실용 장비로 남을 것이다."라고 예견했다.

결론은 PC시장의 주도권을 마이크로소프트사와 인텔에게 내주었는데 고객이 주체가 되는 순간 시장은 전복된다는 사실을 상상조차 못 했다. 그들은 기술의 진보에 모든 것을 걸었다.

3) 도요타 - "전기차는 30년이 걸린다."

2010년까지 토요타는 하이브리드HEV 기술의 절대 강자였다. 당시 토요타의 프리우스Prius는 친환경차의 상징이었는데 당시 내부적으로 전기차는 아직 기술, 인프라가 부족하다는 판단이었다. 경영진 또한 전기차 대중화를 최소 30년으로 보았다. 그러던 중 이들의 예측을 비웃듯 테슬라가 등장해 전기차는 미래모빌리티로 이미지를 선점해 버렸다. 더 나아가 배터리 성능보다 '미래를 먼저 사는 사람'이라는 상징을 통해 전기차 시장을 주도해 나갔다.

그들은 2020년 이후 뒤늦게 EV전략으로 전환하였지만 '보수적인 기업'으로 낙인찍히게 되었다.

4) 뉴욕타임즈New York Times - "신문의 종이판은 절대 사라지지 않는다."

2000년대 초반, 종이신문의 전성기는 이미 저물기 시작했는데 그 이유는 인터넷뉴스의 무료화였다. 이로 인해 종이신문의 구독자는 급감했고 광고매출은 급락했다.

당시 뉴욕타임즈의 내부 예측은 "종이 신문은 최소 20년은 더 간다."였다. 이들은 디지털 소비전환 속도를 과소평가한 것이다.

이후 2008년 글로벌 금융위기 이후 광고 수입이 무려 50% 이상 하락했으며 한때는 파산설까지 나돌기도 했다. 이들의 위기극복을 위한 전환점은 "뉴스가 아니라 관계를 구독시켜라"에 있었다.

일단 Paywall유료 구독 장벽을 도입하여 2011년부터 디지털 유료 구독을 시작하였다. 더불어 데이터 기반의 개인화틀 설계했는데 독자 취향이나 읽은 기사, 체류 시간을 분석하여 맞춤 콘텐츠를 추천하였고 '당신만의 저널리즘 경험'을 설계하였다.

이 가운데 시급했던 것은 언론을 콘텐츠 기업으로 바꾸는 것이었다. 뉴스뿐 아니라 요리, 게임, 팟캐스트, 워드플레이 Spelling Bee 등 '뉴욕타임스 생활구독 생태계'로 확장시켰다.

마지막으로는 객관적인 보도라든가 휴먼스토리, 그리고 비하인드 다큐를 강화하여 저널리즘의 감성화를 시도하여 사실의 전달에서 맥락의 전달로 이동하게 하였다.

따라서 뉴욕타임즈의 종이신문 형태는 사라졌지만 저널리즘의 영혼은 강화되었다는 평가를 받고 있다. 결론적으로 예측은 과거 데이터로 미래를 추정하는 행위로, 이것이 빗나가거나 오류로 남겨지는 것은 '새로운 변수'를 못 본 시야의 한계이기 때문이다.

불황기, 다시 보는 깨진 유리창의 법칙

40여 년 전 범죄학자 제임스 윌슨James Q. Wilson과 조지 켈링George L. Kelling 두 사람이 쓴 논문이 세간의 주목을 받은 적이 있다.

내용은 '깨진 유리창의 법칙Broken Windows Theory'. 이는 작은 무질서가 방치되면 큰 범죄와 사회적 붕괴로 이어진다는 사회심리학적 이론으로 실제 1995년 뉴욕시장 루디 줄리아니의 뉴욕시 정화작업에 나타났는데 삶의 질을 향상하기 위해 낙서, 무임승차, 불법 주차, 구걸 행위를 집중 단속했더니 강도와 살인이 줄어들었다는 것이다. 이를 사회적 의미로 풀이하면 낙서 같은 무질서를 방치하면 사람들의 규범의식이 약화되고 경범죄와 중범죄로 이어질 뿐 아니라 결국 공동체 전체의 안전감이 무너지게 된다는 것이다. 기업에서는 작은 부정 행위를 방치하면 큰 부패로 이어지고 마케팅에서는 고객 불만에 즉시 대응하지 않으면 브랜드 신뢰 전체가 깨어지게 된다.

그렇다면 우리에게 '깨진 유리창'은 무엇일까?

불친절한 현장직원? 무능력한 텔레마케터? 각 부서 간 커뮤니케이션 단절? 시장 변화에 무관심한 임원? 이쯤에서 또 하나의 질문을 던질 수밖에 없다.

왜 우리는 문제임을 인지했음에도 간과하는 것일까?

첫째, 추정컨대 작고 사소하다 판단하여 그냥 지나치거나 큰 문제를 보지 못하였거나 심각한 전조를 알지 못한 것이 아닐까? 전조 증상이 나왔으니까 짚고 넘어가야 할 연관된 법칙 하나가 있다. 바로 1:29:300의 '하인리히 법칙'이다.

이 숫자들이 의미하는 것은 한 명의 중상자가 나오면 29명의 경상자가 나오고 잠재력 상해자 300명이 발생한다는 뜻이다.

사례는 멀리 갈 것도 없이 최근 해킹 논란의 중심에 섰던 SK텔레콤이 바로 그것이다. 2025년 초, SKT의 유심 교체시스

  브랜드는 변해도 마케터는 남는다

템에서 오류가 발생하고 이후 고객정보 유출 및 해킹 사건으로 이어졌다. 문제는 초기 대응이 늦어졌고 공지가 불명확해 고객의 불안이 일파만파로 퍼져갔다는 것이다. 얼마 전 사회적으로 심각하게 제기된 쿠팡의 개인정보 대량 유출도 같은 맥락으로 보인다.

'깨진 유리창'의 포인트로 보면 초기에 작은 시스템 결함과 커뮤니케이션 부재를 '별일 아니겠지.' 하며 방치한 그 지점을 살펴볼 필요가 있다. 이 실수는 결국 고객의 불신으로 이어지고 주가 하락과 정부 조사로까지 이어졌다.

만일 하인리히 법칙대로 발생한 '1'의 개념을 중요하게 생각하고 고객과 소통하였다면 어떤 결과가 나왔을까?

아울러 깨진 유리창과 마케터의 리스크 관리 차원에서 살펴보면 다음과 같은 제언을 할 수 있을 것 같다.

1) 현실과 함께 '인식'을 고려하라.

예) 병원의 낡은 카펫을 보고 의료기구 역시 구식일 것이라 추측한다.

2) 오만하지 마라. 이는 스스로 강력하다고 인식하거나 똑똑하고 세련되었다고 판단하지 말라는 것이다.

예) 샤오미의 경우 자사의 상품을 좋아해주는 팬들을 미팬Mi Fan

이라 부르며 고객의 문제를 묻고 대답하며 최선을 다해 해결한다.

3) 새로운 고객을 찾기보다는 충성스러운 고객에게 다양한 서비스를 제공하라.

예) 스타벅스의 리워드Rewards는 신규 고객 유치보다 기존 고객의 반복 방문에 초점을 맞추었다. (별 적립 프로그램, 등급별 혜택)

4) 고객의 경험과 기대를 만족도로 바꾸어 놓는다.

예) 현대자동차의 '현대식 케어'는 정비 현장을 투명하게 공개하고 예약 시 고객 취향에 맞춘 서비스코디네이터를 배정하며, 수리 후 차량 상태 리포트를 즉시 제공한다.

5) 최고의 직원을 만들라.

예) 가능한 한 신속하고 구체적인 서비스를 제공하고 고객의 입장에서 생각한다.

6) 핵심고객을 배신하지 마라.

예) 1980년 코카콜라의 뉴코크 대체 계획-핵심고객의 반발-코크클래식

7) 좋은 첫인상으로 승부하라.

예) 애플은 제품 자체보다 개봉 첫인상Unboxing Experience을 브랜드의 시작으로 본다.

　　　　　브랜드는 변해도 마케터는 남는다

8) 경쟁사가 주목하지 않은 서비스를 주목하라.

예) 사우스웨스트 항공사의 편경영은 "맛없는 기내식이 더 나쁠까? 웃지 않는 승무원이 더 나쁠까?"에 귀착되어 있다.

9) 브랜드 이상의 가치를 추구하라.

예) 이케아는 '더 나은 일상The Wonderful Everyday 캠페인'으로 누구나 좋은 디자인을 누릴 권리가 있다고 주장한다. (장애인을 포함)

10) 사실과 다른 이미지나 정보로 현혹하지 않는다. (진정성)

예) '안전 그 자체'로 충돌테스트 영상을 조작 없이 그대로 공개한 볼보Volvo

불황기에 다시 복기해 본 '깨진 유리창의 법칙'은 하나의 리스크 관리처럼 보인다.

특히 예민한 불황기나 침체기에는 단 한 번의 좋지 못한 고객 서비스 경험으로 고객은 떠날 수 있다. 따라서 진정성을 통한 정직한 브랜드로 고객에게 다가가도록 기업 모두가 전력을 다해야 할 것이다.

소비자의 행동변이
Behavioral Mutation of Consumer

마케터는 소비자의 행동변이Behavioral Mutation of Consumer에 유독 신경을 쓴다.

왜냐하면 소비자의 행동 변이는 문화와 사회환경과 최신 트렌드, 가치관의 변화와 심리적 요인 등 복합적인 요인에 의해 지속적으로 발생하기 때문이다.

특히 구매 행동에 영향을 주는 특성은 다음과 같다.

1) 다양한 외부 영향: 문화, 계층, 준거집단 (準據集團: 개인이 자기의 행위와 규범의 표준으로 삼는 집단)

　　　　　　　브랜드는 변해도 마케터는 남는다

2) 다양한 역할 수행 및 타인에게 구매 결정 영향

3) 구매 전과 구매 시 그리고 구매 후 행동으로 이어지는 일련의 의사결정 과정

4) 자신의 필요, 욕구 혹은 만족 등의 동기에 근거

이는 단순한 변화가 아니다. 디지털, AI 불신, 개인화라는 환경 속에서 소비자의 본질적인 의사결정 구조가 바뀌었다는 데 주의할 필요가 있다.

그 변이의 첫 단계는 보는 소비자에서 해석하는 소비자로 바뀌었다는 점이다.

과거에는 레거시미디어, 즉 TV, 라디오, 신문 등 기업이 제공하는 정보를 수동적으로 수용했으나 지금은 수많은 정보를 소비자 스스로 편집하고 검증할 뿐 아니라 뉴스를 신뢰하기보다는 리뷰, 커뮤니티, AI요약에 더 큰 신뢰를 한다.

이는 소비자가 '팩트'보다는 '의미'와 '맥락'에 치우쳐 소비한다는 점을 반영해주고 있다.

둘째 단계는 감정의 변이이다.

이전의 소비는 구매의 합리적 결정구조를 갖춘 필요에 있었으나 현재는 감정, 공감, 정체성 확인 등으로 이동 중이다. MZ세대의 미닝아웃(Meaning Out: 자신이 향하는 바를 소비행위로

표출하는 것)이나 감정소비들이 이에 해당한다. 이들은 제로웨이스트(Zero Waste: 재사용과 폐기물을 줄이는 개념) 브랜드를 구매하여 가치소비나 자아실현을 하는 경우이다.

세 번째 단계는 판단의 변이이다.

이는 논리가 아니라 알고리즘이 판단한다는 것이다. 이제 소비자는 '자신의 판단'을 AI추천시스템에 위임한다. 여기서 소비자는 검색 대신 대화를 선택한다.

네 번째 단계는 관계의 변이이다.

과거의 브랜드 충성은 상호작용 충성으로 전환되어 '이 브랜드가 나를 얼마나 이해하나'가 핵심 척도로 나타났다. 관계소비나 브랜드친밀감이 작용하는 데 있어 특히 챗봇과의 'AI 커뮤니케이션 경험'이 브랜드 인식에 커다란 영향을 미쳤다.

다섯 번째 단계는 소유에서 경험으로 이어지는 행동의 변화이다.

핵심키워드는 구독경제, 경험소비, 라이프스타일이며 예를 들면 에어비앤비가 '집을 빌리는 서비스'에서 삶을 경험하는 플랫폼으로 변신하거나 넷플릭스와 멜론 구독은 내 것이 아니라 접속권을 소비한다는 점이다.

마지막엔 시간의 변이이다.

한마디로 즉시성과 지속성이 공존한다고 보아야겠다.

　　　　　브랜드는 변해도 마케터는 남는다

소비자는 즉각적인 반응을 원하면서 지속 가능한 관계를 추구하는 상반된 욕구를 가지고 있다. 예를 들면 쿠팡 로켓배송(즉시성)을 원하면서도 무신사 팬덤을 통해 지속적인 관계를 원하기도 한다.

여기서 즉시성은 빠른 배송, 실시간 피드백, 1초 클릭에 해당하며, 지속성은 구독, 커뮤니티, 팬덤으로 이어진 장기 관계이다.

결론적으로 소비자는 더 이상 수용자가 아니며 참여자이거나 문화의 주체일 수가 있다. 더 나아가 공동 설계자로서 지분을 차지한다면….

불황기 속 치열하게 살아남은 기업의 특징은 무엇인가?

종종 컨설팅을 하다 보면 자주 접하는 질문은 "불황기 내성이 강한 기업이 되려면 어떻게 해야 하는가?"이다. 이렇게 되기까지 비선형적인 변화, 질병(코로나19), 전쟁(러시아와 우크라이나) 기술(챗GPT) 등 예측할 수 없는 상황에서 대응할 수 있는 자신의 길을 찾고 싶다는 요지로 들려온다. 그렇다면 몸집이 날렵한 언더독이 유리하지 않을까?

불황기에 규모의 경제가 허물어지고 서로 이질적인 사업 분야와 시장영역, 그리고 가치사슬 등 범위의 경제로 전환하기 때문에 그렇다.

둘째, 수익성과 직결된 신상품 출시를 통해 시장을 선도해야 한다. 기업 대부분은 불황기가 도래하면 신제품 출시에 소극적으로 대처할 공산이 크다. 그러나 정반대의 측면에서 생각해보면 불황기는 적은 역량으로 시장점유율을 높일 수 있다.

이때는 가격 민감도가 낮은 제품을 출시하고 이전에 기본 사양에 포함해 판매하던 기능이나 서비스를 고객이 선택할 수 있는 사양으로 전환하는 것이 효과적이다.

셋째, 신축성 있는 R&D 전략을 구사한다. 말하자면 제품 개발의 바탕이 되는 R&D 전략도 호황기와는 달라질 수밖에 없다. 적은 예산을 이용해 단기간 수익이 가능한 방법인데 불황기에는 투자수익이 신속하게 발생하는 제품개발프로젝트에 역량을 집중해야 한다. 즉, 가격 인상은 억제하면서 고객이 매력을 느낄 만큼 품질을 개량해야 한다.

아울러 기존에 팔지 않은 제품이 아니라 해소하지 못한 새로운 혁신 제도도 고려해볼 만하다. F1은 출전팀이 직접 레이스카를 제작하여 경주하는 대회인데 전용 경기장 F1서킷은 경주용 도로가 아닌 완성차 업체들이 기술력을 PR하고 실제 레이스 기술이 자동차 양산에 적용되기도 한다.

자동차 마니아와 공학도가 열광하는 이 스포츠를 71년 만에 전성기를 누리게 만든 것은 선수의 야망과 감독의 리더십을 담은 넷플릭스 다큐 〈F1 본능의 질주〉였다. 초기엔 70세 부유층을 목표로 하였지만 후에 F1을 인수한 리버티미디어는 소셜미디어 콘텐츠를 제작하고 경기 운영을 바꾸어 젊은 층까지 끌어들이는 획기적인 접근 전략을 구사하였다.

넷째, 브랜드 자산을 효과적으로 이용한다. 강력한 브랜드파워는 신제품 출시만큼 수익성 제고에 도움이 된다. 이는 놀랍게도 소비자의 가격 민감성을 둔감하게 만들어 주는데 종종 불황기라는 이유로 저가 브랜드를 만들어 주기도 하며 이럴 경우 유사제품을 교차 판매Cross Selling하기도 한다. 앞서 사례로 든 F1처럼 75년 전통의 프로농구 NBA(National Basketball Association: 미국 프로 농구협회)의 회생 스토리를 알아보자.

NBA는 마이클 조던 은퇴와 더불어 침체기를 겪었다. 다양한 브랜드 자산을 보유했음에도 NBA 시청 뷰는 회복할 기미를 보이지 않았다. 다양한 시도 끝에 NBA가 눈을 돌린 것은 MZ세대였다. 이 세대의 콘텐츠 소비를 늘리기 위해 NBA는 공식홈페이지nba.com를 열고 유튜브 등 SNS 활동을 적극적으로 실행하였으며 단순히 시합 결과만 전하지 않고 객관적인 분석기사와 심지어 전문기자를 대거 영입하여 '보는 재미'를

 브랜드는 변해도 마케터는 남는다

배가했다.

예를 들어 15~30초짜리 명장면이 담긴 숏폼을 MZ세대에게 대량으로 뿌렸으며 더 나아가 저작권과 초상권을 느슨하게 하여 젊은이들이 자체 생산한 2차 콘텐츠를 바이럴(입소문)하게 유도했다. 이는 결국 NBA TV 시청을 확장하는 계기가 됨과 동시에 NBA 선수들이 입는 옷을 기록하는 인스타그램 계정을 마련하여 팬덤 문화가 진일보하였다.

마지막으로 우량고객을 집중 발굴하여 자사만의 차별화된 서비스를 제공한다. 우량고객의 만족도와 충성도를 높일 수 있는 서비스 제공 프로세스 구축이 우선적으로 실행되어야 하며 수익에 도움이 안 되는 체리피커(Cherry Picker: 상품 구매는 하지 않고 실속만 차리는 얌체 고객)는 과감히 줄여야 한다.

싱가포르 항공은 1997년 아시아 경제위기 당시부터 핵심고객인 퍼스트비즈니스 클래스 고객에 대한 승무원 교육과 안락한 여행을 위한 환경조성에 약 3억 달러를 투자해 항공시장에서 가장 가치 있는 항공사로 도약하였다.

불황기 생존 기업의 공통 특징을 유형별로 나누면 다음과 같이 분류할 수 있다.

1) 불황기 생존 기업의 공통 특징의 유형별 분류

특징	핵심 키워드	대표 기업
본질 회귀형	고객, 제품 본질 재정의	스타벅스, 유니클로
리스크 감지형	위기를 미리 읽는 감각과 대응 속도	도요타, IBM
내부 단련형	구조조정 아닌 핵심 강화	넷플릭스, P&G
혁신 전환형	불황을 기술, 디지털 전환의 기회로	아마존, 나이키
고객 감성형	고객의 불안 심리를 위로하는 마케팅	맥도날드

2) 유형별 대표 사례

본질 회귀형: 스타벅스는 2008년 금융위기에 커피 회사의 정체성을 회복하기 위해 비효율 매장 철수(핵심 키워드: 선택과 집중/정체성 회복/본질 중심 전략)

리스크 감지형: 1970년 오일 쇼크 시 도요타는 린(Lean: 군살 없는 생산 방식) 생산 방식 도입 (핵심 키워드: 전환, 실험, 혁신적 모멘텀)

내부 단련형: P&G의 핵심 역량은 고객을 데이터가 아닌 사람으로 이해/내부 역량 과학화(시스템) 실패를 통한 학습의 문화/디지털로 소비자와 연결(핵심 키워드: 신념, 진정성, 브랜드 신뢰)

혁신 전환형: 나이키는 '퍼포먼스 DNA'로 회귀, 불황에도 D2C(direct to consumer: 직접 판매)와 스포츠 테크를 강화(핵심 키

워드: 체질 개선, 디지털 전환, 유연한 조직)

고객 감성형: 맥도날드는 고객의 불안을 먼저 말해주는 브랜드로 '햄버거의 맛'이 아니라 '삶의 위로'를 제공하는 브랜드로 포지셔닝함(핵심 키워드: 공감, 신뢰, 관계자본, 내부 고객 중심)

문제는 위기에 도태된 기업은 '성장에 취해 본질을 잊은 기업'이 대부분이다. 따라서 불황에 강한 기업의 특징은 한마디로 스스로 재정의한 기업이다. 말하자면 불황은 '수축기'가 아니라 '구조 재편기'라고 보는 것이 옳다.

업계의 판을 뒤흔드는
마케팅 스킬

초기 컨설팅을 하다 보면 CEO들이 간절히 원하는 것은 업계의 판을 바꾸고 싶다는 것이다. 그래서 이를 위한 신공神功, 즉 스킬은 무엇이냐고 묻는다.

이들의 속마음은 업계의 판을 바꿔야 지속 경영이 가능하다는 것이다. 그 이유는 첫째, 신속하게 시장에 대응하려거나 전사적으로 품질을 높일 뿐 아니라 프로세스를 재설계Re-engineering함에 있어 효율성이 떨어지며 고객 친화적이고 장기적인 안목으로는 시장의 빠른 변화에 대처하기에 미흡하다는 것이다.

아울러 단순한 설비나 조직 구조 등 내부 차원의 효율성과 안정성으로는 본질적인 혁신이 불가능하다는 인식을 드러낸다. 그렇다면 판을 뒤흔들기 위해서 어떤 기술을 사용해야 하나? 한마디로 시장 질서 자체를 재정의 하고 소비자의 인식을 바꾸는 것이다. 대표적인 기업이 에버레인이다. 에버레인Everlane은 패션계의 룰체인저(Rule Changer: 기존의 게임 룰을 완전히 바꾸어 판을 새로 짜는 사람, 기업 또는 전략)로서 '투명함Transparency'이라는 새로운 룰로 기존 패션 산업의 불문율을 깨뜨렸다.

에버레인의 업계 판 바꾸기

1) 제조 가격보다 디자인, 브랜드, 가격을 중심으로 유통, 판매, 마케팅을 중시하는 업계의 마케팅 프로세스를 전환하다.

에버레인은 중간 판매 단계를 과감히 생략하고 제조공장에서 의류를 제조한 후 온라인에서 직접 판매함

2) 누가 디자인하고 누가 제조하며 왜 이 가격인지 투명하게 보여주다.

에버레인은 웹사이트를 통해 제품 사진, 가격, 공장, 직원, 생산비, 공급처 심지어 회계 감사도 노출시켜 고객에게 투명하게 공

개함

3) 유니클로, 자라 등 패스트 패션과 달리 '양보다 질을 우선'한 슬로우 패션으로 역포지셔닝하다.

경쟁사와는 반대로, 소비자의 인식에서 기존에 중요하게 여겨지던 요소를 축소하거나 없애고 새로운 가치를 창조하는 마케팅 전략

4) 마케팅 접점인 매장과 브랜드를 알리는 광고를 없애고 할인 이벤트도 과감히 없앴다.

5) 인스타그램과 같은 소셜미디어를 통해 MZ세대의 열광과 바이럴 효과를 시도하다.

이해를 돕기 위해 도표로 작성하면 다음과 같다.

에버레인의 판을 흔든 핵심 스킬

구분	기존 산업의 룰	에버레인의 혁신	결과
가격	원가 비공개	원가 완전 공개	가격 신뢰 확보
유통	리테일 중심	D2C 직판	마진 재편
메시지	스타일 강조	윤리, 투명성 강조	가치소비 확산
고객 관계	광고 설득	정보 공유	신뢰 기반 팬덤 형성

결국 에버레인은 '정직'을 하나의 브랜드 무기로 만든 최초의 패션기업이다. 이는 한마디로 가치Value가 가격Price을 이기는 순간이었다.

이처럼 기존 업계의 판을 뒤흔들거나 고객 인식의 틀을 바꾼 기업은 시대를 막론하고 존재해 왔다.

과거 우버Uber나 에어비앤비Airbnb는 제품 대신 거래의 장을 만든 대표적인 기업이었다. 한마디로 자산이 아닌 네트워크가 가치를 만든 사례이다. (플랫폼 혁신)

더불어 고객에게 예민한 '가격'을 혁신한 사례도 있다. 넷플릭스는 구독subscription으로 콘텐츠 소유 개념을 전환했으며, 애플뮤직이나 스포티파이는 한 곡당 결제에서 무제한 구독으로 이동했다.

이는 제품이 아니라 이용 경험에서 수익을 내려는 목적이다. (수익모델 혁신) 이 밖에 앞서 여러 번 사례로 설명한 나이키 바이유(고객이 직접 디자인하는 운동화)와 레고 아이디어(팬의 창작물을 실제 제품으로 출시)는 고객이 참여하거나 공동 창조형으로 혁신한 수익모델이다.

유통, 공급망에서 중간단계를 없애거나 새롭게 구성한 사례는 에버레인의 경우 말고 테슬라가 있다. 딜러 없이 온라인 직판시스템을 운영하고 있는데 이는 '공급망의 투명성'과 '직접 관계'로 신뢰를 얻을 수 있다는 측면이 있다.

마지막으로 이윤과 윤리를 동시에 추구하는 모델로는 물론 '지구를 위한 비즈니스'를 선언한 파타고니아 말고 과거 한 켤레를 팔면 한 켤레를 어린이에게 기부한다는 탐스TOMS의 원포원One for One 모델도 사회적 가치 기반의 혁신으로 손꼽을 수 있다.

결론적으로 앞선 질문에 필자는 이렇게 답하곤 한다.

"비즈니스모델 혁신Business Model Innovation은 단순한 신제품 출시나 마케팅 캠페인이 아니라 가치를 창출하거나 전달, 획득하는 방식을 새로 설계하는 일입니다. 한마디로 돈 버는 구조를 바꾸는 것입니다."

끝으로 에버레인의 CEO 마이클 프레이스만의 말은 그래서 매우 시사적으로 들린다.

"모든 소비자들이 자신이 입고 있는 옷이 어디에서 어떻게 온 것인지 잘 모른다. 그러나 사람들은 점점 이 옷이 어떻게 만들어졌는지 그 과정에 대해 알기를 원한다."

과연 좋은 전략은 무엇인가?

전략의 거장으로 불리는 리처드 루멜트 Richard Rumelt는 그의 저서『좋은 전략과 나쁜 전략』에서 정확히 전략의 개념을 정의하였다.

일단 전략의 정의를 "복잡한 상황 속에서 결정적인 포인트를 찾아, 자원을 집중하는 것"이라 하였다. 이 말은 모든 것을 잘하려 애쓰기보다는 가장 효과적인 한 지점을 뚫으라는 조언으로서 좋고 나쁘다는 의미가 아니라 전략의 사고구조Structure of thinking 자체가 다르다는 것이었다.

특히 그가 말하는 전략에 대한 언급 중에

인상적인 것은 "전략이란 모든 걸 잘하려는 것이 아니라 무엇을 버릴지 정하는 것이다."라는 것으로 버리고 뚫는 그 접점에서 드디어 리처드 루멜트는 좋은 전략에 대해 얘기한다.

"좋은 전략은 문제를 정확히 진단하고 핵심 목표를 선택하며 자원을 집중적으로 배치하는 설계Design이다."

이를테면 의지나 비전이 아니라 '방향성 있는 집중'이라는 것이다. 그렇다면 좋은 전략은 어떻게 구성되어 있을까?

첫째, 정확한 진단Diagnosis이 있어야 한다. 문제의 본질을 정확히 정의하는 단계로 보는 관점이며 둘째, 지도원리 Guiding Policy로서 문제 해결에 큰 방향을 세우는 일종의 해결 원칙이다.

마지막으로 일관된 실행Coherent이다. 방향에 맞춘 구체적이고 일관된 행동 설계를 말함이다.

좋은 전략의 예시를 위의 3단계에 적시하여 보면, 시장 상황에서 "우리가 지고 있는 이유는 품질이 아니라 신뢰의 결여"라 지적하면 그 방향성은 "모든 의사결정은 고객 신뢰 회복에 맞춘다"로 설계하고 마지막으로 "AS센터 확충이나 고객 보상제 도입"의 일관된 행동 설계를 만들어 간다.

그렇다면 나쁜 전략은 무엇일까? 이를테면 문제의 진단 없이 모호한 목표나 희망을 전략이라 부르는 것으로 '모두를 만

   브랜드는 변해도 마케터는 남는다

족시킬 수 있다.'라는 착각을 하게 하는 우(愚)를 범할 수 있다. 예를 들어 "우리는 세계 1위가 될 것이다."라는 등, 전략이라기보다는 일종의 평범한 슬로건 같은 의미 없는 말을 반복한다. 그 슬로건 안에는 실행이나 지침, 심지어 계획 하나 준비되어 있지 않다.

이런 전략은 문제에 봉착했을 때 이를 회피하고 모호하게 표현하여 실제로 해결된 사례가 없다. 아울러 구체적인 실행 계획 없이 야심 찬 계획만 제시할 뿐이어서 공염불에 그칠 공산이 크다. 좋은 전략과 달리 자원은 분산되고 일관성이 없어 장황하다는 느낌을 준다.

좋은 전략의 사례로 보면 애플의 '통합된 생태계' 전략을 들 수 있다. 먼저 진단해보면 애플의 아이폰 출시 전 스마트폰 시장은 경쟁이 심화되어 있었다. 그들의 핵심 전략은 하드웨어와 소프트웨어, 그리고 서비스의 통합을 유도하는 데 있으며 결국 그들은 iTunes와 iCloud, App Store를 연결해 고객 충성도를 극대화하였으며 진입 장벽을 두텁게 쌓았다.

또 한 사례는 현대자동차의 '브랜드 업그레이드'이다. 이들은 가격 경쟁력만으로는 글로벌 경쟁이 불가능하다고 보았다. 따라서 프리미엄 이미지를 구축하기로 결심하였는데 품질 개선 및 디자인 혁신이 적용된 '제네시스'라는 프리미엄 브랜드를 런칭하면서 문제는 '가격'이 아니라 '인지가치(목표 대상에 대해 개인적으로 부여하는 의미와 중요성)'였음을 깨닫게 되었다고 한다.

끝으로 나쁜 전략에는 한때 미국의 아마존으로 불린, 125년 역사 끝에 파산한 시어스Sears를 들 수 있다. 20세기 중반까지 시어스는 미국 가정의 상징이었으며 아마존 등장 전에는 '소비의 인프라' 같은 존재였다.

그들의 경쟁력은 거대한 유통망과 브랜드 신뢰, 더 나아가 미국 가구의 90%가 소유할 정도의 카탈로그를 활용한 시스템이었다. 당시 시어스는 필요한 모든 것을 한곳에 제공한 최초의 리테일 기업이었다.

그러나 1980~2000년대 초 오프라인 쇼핑몰, 그리고 온라인의 소비 채널이 전환되어 가고 있었으며 소비자 또한 가격보다 편리함과 속도, 개인화를 중시하고 있었다. 그럼에도 불구하고 그들은 변화를 부정하고 오프라인 매장만 확대하고 있었다. 그렇다면 루멜트가 주장하는 기준으로 시어스가 변화를 인식하고 좋은 전략으로 전환하였다면 어떤 결과를 도출해 낼 수 있을까?

요소	좋은 전략	시어스의 실제 행동
진단	유통 패러다임이 '편리함'으로 이동	잘못된 문제 정의: 경쟁은 월마트와의 가격 경쟁
지도 원리	디지털 고객 경험 중심 재편	금융, 보험, 부동산 등으로 사업 확장
실행	핵심 리테일 역량 집중, 체험형 매장 전환	자산 매각, 사업 다변화, 비핵심 강화

일단 시어스의 진단은 월마트와의 가격 경쟁에 몰입되었고 고객들의 패러다임은 백안시되었다. 이 가운데 본래 강점이었던 고객데이터를 소비자 경험 혁신으로 연결하지 못했는데, 아마존이 시어스의 카탈로그 모델을 디지털화했음에도 그들은 여전히 종이 카탈로그에 집착하였다는 사실이다.

한마디로 고객 정보는 있었지만 고객에 대한 이해는 없었다. 그들은 매장보다 부동산에 집착했으며 낡고, 불친절하며 디지털 연결이 안 되는, 올드한 브랜드로 인식되고 있었다. 이를테면 고객 중심 사고가 부재했다.

결국 전략은 전략대로 문제가 있었지만 시어스는 위기 대처 방식도 서툴렀다. 위기를 외부에서 찾았으며 그 중심이 내부의 무감각에 있었다는 것을 인지하지 못했던 것 같다. 당시 CEO 에디 램퍼트Eddi Lampert는 "경쟁 부서 간 경쟁이 효율을 높인다."라는 논리로 조직을 내부 경쟁형 구조로 설계하였는데 이것이 패착의 원인으로 손꼽혔다.

나쁜 전략은 결국 위기를 촉발하는 데도 한몫을 한다.

고객 페르소나,
극한 고객 재정의 하기

어떤 제품이나 서비스를 사용할 목표 집단 안에 이들을 사용할 가상의 인물이 존재한다면, 또 이들의 민낯을 대할 수 있다면 마케팅 설계자의 입장은 어떨까? 이런 개념을 정밀하게 정조준한다면 효율성은 예상외로 높을 것 같다.

이를 '고객 페르소나'라고 하는데 페르소나란 고대 그리스 연극에서 배우가 쓰던 가면에서 유래한 용어로 현대에서는 개인이나 집단이 사회적 요구에 따라 밖으로 드러내는 공적 얼굴, 외적 인격이나 이미지를 의미한다.

고객 페르소나에는 연령, 직업, 라이프스타일, 욕구와 목표 등을 구체적으로 설정하는데, 좀 더 구체적으로 들어가 보면 관심사라든지 경험 시나리오도 포함되어 있다.

특히 제품에 대한 페르소나를 보면 브랜드 충성도는 물론 사용자 상태, 추구하는 혜택 정보, 제품에 대한 고객의 행동도 기술되는데 이를 위해 대면對面이나 전화인터뷰로 제품과 서비스의 선호도를 발견하거나 고객데이터베이스를 분석, 특정 리드 현상이나 특정 고객의 소비 추세 및 패턴을 발견한다. 이렇게 하면 고객의 필요를 충족시키는 제품과 서비스를 제작하며 더불어 고객이 원하는 경험을 만들 수 있을 뿐 아니라 충성고객 확보와 소통, 눈길을 사로잡을 만한 마케팅 및 이벤트를 진행할 수가 있다.

여기서 주목할 것은 고객 페르소나는 모든 고객의 평균값이 아니라 핵심고객의 진심을 대표한다고 보아야 한다. 문제는 평범한 일반 고객이 아니라 까다로운 고객, 극한 고객에 대한 대처를 고객 페르소나로부터 사전에 발견하는 것이다. 먼저 게시판, 후기, 커뮤니티를 통해 "우리 브랜드에 가장 극단적인 고객은 누구인가?"를 탐색하고 규정해야 한다.

아울러 심층 인터뷰와 체험을 통해 그들의 '불편과 욕망의 본질'을 찾아 함께 문제를 설계하고 해결할 수 있으면 된다.

일종의 공동 테스트나 베타 테스트(Beta Test: 미리 정해진 사용자들에게 테스트하고 오류 및 피드백을 반영하여 진행하는 방식), 리뷰어 참여가 그것이다.

이 극한 고객은 어떤 성향을 가지고 있을까? 첫째, 신규 사용자들처럼 불편함을 빠르게 느끼는 유형이 있고, 애플 마니아나 나이키 러너처럼 브랜드를 너무 사랑해서 모든 결함까지 분석하는 소위 찐 팬이 있다.

여기서 좀 더 나아가면 "이 브랜드는 믿을 수 없어."라며 냉정히 비판하는 소비 비평형 MZ고객이 있으며 가장 주의 깊게 대응해야 할 인플루언서나 커뮤니티 리더가 있다. 이들은 온라인에서 즉각 발화할 폭발성이 있다.

그렇다면 극한 고객은 경계의 대상이고 주의해야 할 대상일까?

만일 긍정적 시각에서 본다면 극한 고객으로 인해 기업은 생각지도 않은 혜택을 누릴 수 있다. 이를테면 이들에 의해 '불편의 본질'을 빨리 감지할 수 있으며 혁신의 아이디어도 제공받을 수 있다. 이런 고객일수록 충성고객으로 빠르게 전환될 수 있으며 위기상황에 브랜드 진정성의 리트머스로서 역할을 자임하기도 한다.

이쯤에서 극한 고객 페르소나를 한번 설계해보자.

 브랜드는 변해도 마케터는 남는다

항목	예시
이름	○○○(30세) 브랜드 완벽주의자
라이프스타일	소비 전 리뷰 탐색 1시간, SNS 후기 분석
주요 불만	"광고는 다 좋아 보이는데 진짜 써 보면 다 달라요."
핵심 욕구	브랜드의 진짜 진정성
트리거 포인트	빠른 피드백, 진솔한 브랜드 커뮤니케이션
위험 요인	과장, 거짓 광고에 즉각 불매 선언

예를 들어 P&G 질레트가 내놓은 여성용 면도기 '비너스'에는 면도기 사용 시 작은 상처에도 예민한 여성 사용자가 있었다. 문제는 날카로움보다 피부 자극이었다.

이들의 불만을 통해 질레트는 라운드형 블레이드(round-type blade: 날이 둥글게 휘어진 형태의 절삭 도구)와 미끄럼 방지 그립(Grip: 손잡이), 젤스트립(윤활제 역할)을 통해 피부 친화적이고 손에 편하며, 부드럽게 절삭하는 인체공학적 도구를 개발하였다. 이 연구개발로 질레트는 여성용 면도기 시장을 독점하였다.

결론적으로 극도로 예민한 고객의 불편이 새로운 시장을 연 것이다. 나이키에도 매일 러닝 데이터를 기록하는 마니아형 러너가 있었다. 그들의 한결 같은 불편은 "내 기록을 관리하거나 공유하기가 어렵다."라는 것이었다.

이런 불평을 수용한 나이키는 나이키와 앱, 그리고 센서 연동으로 커뮤니티형 러닝 플랫폼을 구축했다. 결국 극한 러너의 집착이 디지털 러닝 생태계를 만들었다는 평가를 받고 있다.

이렇듯 극한 고객을 두려워하지 않고 '공동 설계자'로서 관계를 맺을 때 위기가 혁신의 기회로 바뀔 수 있다면 이들에 대한 시각의 전환도 진정 필요할 것 같다.

유일함과 차별화의
Two Way

지금껏 마케터로 일하면서 의뢰받은 상품이 유일하거나 차별화가 극명하여 크게 애쓰지 않아도 결과가 좋았으면 하는 바람은 늘 가져왔다. 솔직히 기술이나 서비스, 제품 측면에서 보면 이 부분은 불가능해 보인다. 단지 차별화하여 브랜드 포지셔닝하는 전략 외에는….

오래전 롤스로이스 광고가 기억이 난다. 광고 명작선名作選에 들던 우수제작물.

헤드라인은 이러했다. "시속 60마일로 달리는 롤스로이스 안에서 가장 큰 소음은 전자시계입니다." 이 광고의 전략이 유일함, 즉 USP(Unique Selling Proposition: 고유한 판매 제안) 전략이었다. 우리말로 해석하면 기업 고유의 소구점appeal point, 독특한 판매 제안이라는 뜻으로 받아들여진다. 이를 위해 크리에이터는 기업의 강점과 경쟁우위를 명확하게 파악하며 고객이 원하는 것이 무엇인지, 어떤 문제를 해결해야 하는지 인지하는 것이 무엇보다 중요하다.

예를 들어 m&m's엠엔엠즈의 표현 전략에서 소비자들이 오랫동안 기억하는, 차별화된 점은 "입에서 녹지 손에서는 녹지 않는 초콜릿Melts in your mouth, not in your hand."이다. 이는 초콜릿에 당류 코팅을 해 손에 초콜릿이 직접 닿지 않는다는 의미이다.

그럼 '차별화'와 '유일함'을 전략적인 측면에서 살펴보자. 일단 전자는 시장에서 돋보이는 전략적인 언어로 "우리는 남들과 다르다."라고 표현하며 시장에서의 포지션이 확고해진다. 이를테면 시장 진입과 경쟁의 무기가 되고 기능, 속성, 성능이 그 기준이 된다. 아울러 후자는 고객의 마음속에 위치하며 "우리는 오직 우리다."라고 주장한다. 이 유일함은 지속성과 충성도의 기반이 되며 철학, 가치, 정체성이 기준이 된다.

위 두 가지 전략으로 확고한 위치를 점한 기업이 모두가 아는 애플Apple이다. 초기에는 사용자가 아이콘, 창, 메뉴 등 시

    브랜드는 변해도 마케터는 남는다

각적 요소를 마우스 등으로 직접 조작해 컴퓨터와 상호 작용할 수 있도록 설계된 GUIGraphic User interface와 마우스, 디자인, 폐쇄적 OS통합 등 여러 요소가 다른 컴퓨터와 확연히 달랐다.

더불어 이들은 "Think Different"라는 슬로건으로 인간 중심, 다른 삶의 방식을 유일하게 어필하였고 결과는 비교 불가능한 '감성 기술 브랜드'로 승화하였다.

고객에겐 '애플 유저'라는 정체성 자체가 자부심으로 남았다. 하겐다즈는 아이스크림을 과학적으로 진화시킨 브랜드로 "작은 사치, Daily Luxury"라는 브랜드 철학을 가지고 있다. 초기부터 고급레스토랑, 호텔 중심으로 공급하여 희소성을 강화하였으며 일반 아이스크림보다 유지방 2배 이상, 고급원유를 사용하여 기존 시판 아이스크림과 차별화된 맛을 제공하였다.

또한 인공첨가물을 최소화하고 천연 원료를 중심으로 제조되었는데 "하겐다즈는 아이스크림이 아니라 기분을 산다." 라는 프리미엄 포지셔닝(Premium Positioning: 고객의 인식 속에서 '격'이 다른 브랜드로 자리 잡게 하는 전략)으로 차별화하였다.

이를 통해 경쟁사 대비 유일하게 기술적 프리미엄과 감성적 프리미엄의 교차점에 있는 브랜드가 되었다.

폴바셋Paul Basset은 고품질 원두와 바리스타 전문서비스로 차별화한 커피숍 체인점으로 커피머신 시대에 월드 바리스타 폴바셋의 이름을 따 '진짜 바리스타'라는 상징성을 가지고 있다. 전략 포인트는 인간의 손맛과 진정성으로 기술적 커피와 구분한다는 것이다.

앞서 언급한 차별화와 유일함을 겸비한, 경쟁력 있는 브랜드로 전환하려면 어떤 구조를 갖추어야 할까? 아니면 차별화에서 유일함으로 전환되는 포인트는 어떤 단계를 거쳐야 할까?

결합 전략의 핵심 구조

단계	차별화에서 유일함으로 전환되는 포인트
성능에서 감성으로	기능 중심 경쟁에서 감정 중심 공감
제품에서 철학으로	제품 중심 판매에서 가치 중심 스토리
소비자에서 팬으로	고객 확보에서 팬덤으로
시장경쟁에서 문화로	산업 내 경쟁에서 브랜드 세계관 형성

결론적으로 '차별화'가 이루어지면 시장의 경쟁에서 우위를 확보할 수 있으며 고객의 선택기준이 명확해진다. 또한 그만큼 시장 진입 속도가 빨라지며 단기적 매출의 상승 효과가 일어난다. 여기에 반해 '유일함'은 브랜드 정체성을 강화하고

고객에게 감정적 유대감을 불러일으키며 충성도 높은 팬덤 문화를 조성한다.

마케터에게는 종종 숙명 같은 두 전략에 대해 심사숙고해야 되는 분기점을 맞이할 때가 있다. 차별화로 갈 것인가? 아니면 유일하게 독야청청獨也靑靑할 것인가?

이상적이지만 차별화와 유일함을 결합할 것인가?

불황기,
해자Moat를 구축하라

투자의 귀재 워런 버핏Warren Buffett은 특출난 기술이나 브랜드파워 등에서 확실한 우위를 점한 기업을 주로 '기업의 해자'나 '경제적 해자'라고 표현한다.

해자란 중세시대에 공격자가 성벽에 도달하는 것을 방지하기 위해 성 또는 요새 주변을 물로 채운 깊고 넓은 참호다.

그의 철학은 해자를 가진 기업만이 장기적으로 살아남는다는 것으로 시장의 어떤 공격에도 흔들리지 않는 보호막이나 시간이 지나도 이익을 방어하는 장벽, 즉 경제적 해자를 가진 기업이 좋은 기업이라 정의

브랜드는 변해도 마케터는 남는다

한다.

불황기에는 기업의 위기 극복을 위해 아래와 같은 일곱 가지 해자를 구축해야 한다.

1) 브랜드 해자Brand Moat

경쟁 상대가 될 만한 강력한 브랜드의 등장 가능성이 매우 적은 경우다. 시장을 선점해 대표 브랜드로 자리매김한 경우로 코카콜라나 애플처럼 최초 상기도(특정 제품군을 떠올릴 때 가장 먼저 생각나는 정도)가 높다. 그만큼 소비자의 신뢰와 인식으로 만든 장벽이다.

2) 전환비용 해자Switching Cost Moat

고객이 경쟁 제품이나 서비스로 갈아타기 어렵거나 과정이 번거로운 경우다. 일례로 마이크로소프트의 소프트웨어인 마이크로오피스가 있으며 경제적 용어로는 '자물쇠 효과'라고 일컫는다.

예) 소프트웨어 시스템, 구독형 서비스, 기업용 솔루션

3) 네트워크 해자Network Moat

사용자가 접근하려는 네트워크를 독점적으로 제공하는 경

우다. 다른 서비스로 갈아타는 것 자체는 어렵지 않지만 그럴 경우 기존 네트워크에 접근성을 잃는다.

예) 구글, 메타, 유튜브

4) 비용 우위 해자

특별한 생산 방법과 판매 방법 등이 같은 업종의 다른 기업과 차별화되어 낮은 비용으로 생산과 판매가 가능할 때를 비용 우위의 해자라고 한다.

예) 대형 유통업체, 대량생산 기반 제조업체 등

5) 비밀 해자

기업이 재산적 성질을 가진 비밀을 보유해 다른 기업의 모방을 방지하는 경우로 특허나 영업 비밀, 지적 재산 등 종류가 다양하다.

1886년 출시된 코카콜라의 제조법은 어느 경쟁사도 모방할 수 없는 기업 비밀의 대표적인 사례다.

6) 가격 해자

제품 및 서비스를 경쟁사보다 저렴하게 만들고 제공할 수 있는 저비용 공급자의 경우로 아마존이나 코스트코가 대표

 브랜드는 변해도 마케터는 남는다

적인 예다.

7) 효율적 규모 해자

기업이 속한 비즈니스 세계가 안정된 과점규모로 서로 이윤을 나눠 배분하며 신규 기업이 시장에 진입할 때 이익을 포기하고 경쟁해야 하는 상황이 발생하므로 섣불리 진입하지 않는다.

기업의 해자가 불황기 극복에 동력이 되는 이유는 해자가 있으면 일시적인 트렌드나 경기 변동에도 쉽게 무너지지 않으며 가격을 올려도 고객이 떠나지 않는다. 아울러 엔비디아나 TSMC의 경우처럼 독자적인 특허와 R&D 투자로 후발주자의 진입을 어렵게 만드는 방패 역할을 한다.

특히 경제위기나 산업 변화에도 해자를 가진 기업은 신뢰와 구조적 강점이 내재되어 있으므로 빠르게 회복한다.

워런 버핏 같은 투자자의 입장에서 보면 해자가 있는 기업은 예측 가능성이 있으며 안정성이 높아 보인다. 실제로 워런 버핏의 포트폴리오 대부분은 해자 기업이 차지하고 있다. 그렇다면 해자를 강화하기 위한 실행 전략은 무엇인가?

1) 비용 구조 재점검 및 방어적 비용 절감

불필요한 비용 제거, 프로세스 효율화, 자동화 등을 통해 경쟁사 대비 비용 우위 유지

2) 고객 충성도 강화

충성 고객 프로그램, 프리미엄 서비스, 맞춤형 경험 등으로 기존 고객이 이탈하기 어렵게 설계

3) 브랜드 자산 강화

투명성, 사회적 책임, 브랜드 스토리 강화 등을 통해 브랜드 신뢰 높임

4) 기술/데이터 투자

경쟁사가 쉽게 복제할 수 없는 기술력이나 데이터 기반 역량 확보

5) 진입 장벽 유지 및 강화

특허, 인증, 표준화, 파트너십을 통해 경쟁 진입 방어

6) 플랫폼 및 생태계 구축

사용자와 공급자, 타 생태계 기업을 연결하여 상호 종속 구조를 만듦

과연 불황기를 극복할 해자는 준비되어 있는가? 워런 버핏의 이 말은 지속 가능한 해자의 필요성을 강조하고 있다는 면

　　　　　브랜드는 변해도 마케터는 남는다

에서 주목할 필요가 있다.

“자본주의의 역학은 경쟁자가 수익 높은 기업을 끊임없이 공격하게 한다. 그러므로 강력한 장벽이 있어야 장기적 성공이 가능하다.”

혁신의 실존 해법,
컨테이너

마이크로소프트의 빌 게이츠는 책 마니아이다. 그는 직접 책을 써서 베스트셀러를 만들기도 하지만 다양한 책을 읽고 그 리뷰를 자신의 블로그에 소개하기도 한다.

그가 소개한 마크 레빈슨의 『The Box』는 신기술과 혁신이 난무하는 4차혁명시대에 그 대응법을 컨테이너에서 해법을 찾았다는 점에서 솔직히 충격적이다.

직사각형 네모난 박스가 어떻게 세계 경제와 비즈니스에 영향을 미쳤는가?

지금은 흔하디흔한, 단순한 운송 도구인 컨테이너가 우리가 깨닫지 못한 사이에 세계 경제를 송두리째 바꾸어 놓았다는 사실!

컨테이너의 도입은 일단 운송 시간과 상상할 수 없을 정도로 비용을 절감시켰다. 이전에는 해상 운송비의 절반이 인건비였다. 선박에 제각각 다른 모양의 무게를 가진 화물을 실으려면 항구노동자 수백 명이 달라붙어도 최소한 며칠에서 길게는 몇 주까지 소요되었다. 그만큼 노동집약적인 산업이 해운이었다.

아울러 화물의 분실과 파손도 심하여 웬만하면 자국 내에서 해결하는 것이 일반화된 현상이었다. 기껏해야 커피 원두나 위스키, 생고무 같은 특산품이나 원자재를 해외에서 들여오는 정도였다. 그런데 1970년 상황을 반전시킨 사건이 발생했다.

미국 해운사업가 말콤 맥린이 주창해 보급한 컨테이너 덕분에 육상 및 해상 운송비가 급격히 하락하였다. 선박은 점차 커졌고 항구의 크기도 덩달아 확장되었다. 대형크레인들이 항구에 설치되면서 배가 항구에서 정박해 있는 시간이 줄어들었고 이어 항구 노동자들은 해고되었다.

이들은 상황을 반전시키기 위해 파업과 협상에 나서며 자동화를 상대로 격렬하게 저항했다. 이것은 19세기 초반 산업혁명에 저항하기 위해 기계를 파괴했던 수공업자들의 모습과 유사했다. (러다이트운동) 이는 부두노동자에 국한된 것이 아니었다. 갈수록 낮아지는 운송비 때문에 해운사들은 시장 지배력을 위해 담합했고 선적인들은 다른 방법을 모색하기에 급급했다. 컨테이너의 등장은 일자리 경쟁과 기업시장의 변화, 다양한 집단의 이해관계 등 우리가 현재 목도하는 혁신의 민낯과 대동소이했다.

컨테이너 도입으로 운송의 혁신을 일으킨 말콤 맥린은 박스를 같은 규격으로 맞출 때 화물을 훨씬 더 효율적으로 운송할 수 있음을 깨달았다. 한마디로 '표준화'가 혁신의 핵심이었다.

당시 기업과 국가는 그들의 환경에 맞추어 규격을 정했기에 도출되는 문제가 많았다. 맥린은 기술특허권을 포기하면서 표준화 설정에 힘을 실었다. 혁신의 도구는 이처럼 단순했다.

결과적으로 컨테이너의 등장은 화물 처리량을 기하급수적으로 늘려 놓았고 기업은 국경을 넘어 부품을 공급 받고 공급하는 일이 가능해졌으며 경쟁에서 소외받던 국가들이 세계시장에 뛰어드는 계기가 되었다.

아울러 전 세계 물품을 원하는 시기에 받을 수 있는 것도 세계화를 만든 컨테이너의 영향력이었다. 이 책에서 저자가 주장하는 대로 세계를 연결하는 것이 인터넷도 아니고 정치도 아닌 직사각형 박스라는 사실은 흔히 혁신을 파괴적 기술이나 전환으로 인식하고 있는 우리에게 놀랍고 낯설다.

또 하나 컨테이너 박스처럼 대수롭지 않게 보이는 변화도 누적이 되면 어마어마한 결과를 가져온다는 것이다.

일례로 서플라이체인(Supply Chain: 공급망 관리)의 각 단계에서 운송비가 10%씩만 절감 되도 사업의 성패를 가르는 요인이 된다는 점이다.

『죽은 경제학자들의 만찬』의 저자 저스틴 폭스는 컨테이너의 등장을 "인터넷 혁명의 실제 세상 버전"이라 칭송하였다.

이는 아무도 보지 못하는 흐름을 찾아낸 통찰력의 결과라 해도 과언이 아니다.

이 책에서 말하는 의도는 컨테이너 하나가 새 기술은 아니지만 전 세계 항만, 선박, 운송체계가 하나의 규격으로 표준화된 것은 혁명이며, 이는 발명보다 시스템의 연결성에서 온다는 것이다. 이 관점은 오늘날 클라우드 컴퓨터의 데이터 표준화와 물류에서 데이터로 확장되는 글로벌 플랫폼 비즈니스에서 찾아볼 수 있다.

위닝 팁스Winning Tips, 이기는 기업은 무엇이 다른가?

위의 제목과 동일한 경영서적을 2012년 출간한 바 있다. 책 표지에는 출간 의도가 적혀 있다.

"그들은 남들이 외면하거나 거들떠보지 않는 곳을 찾아갔고 그곳에서 신대륙을 만들었다. 앞선 기업들의 꼬리를 따라가는 것이 아니라 힘들고 고되지만 변화를 앞서가며 자신만의 블루오션을 찾아간 용기 있는 기업들, 그리고 위기를 기회로 삼은 기업들. 그래서 그들의 가치는 더욱 빛나고, 그들의 미래는 더욱 희망적이다. 이기는 기업은 분명히 이기는 법을 알고 있고 그들의 이기는 이유를 놓쳐서는 안 된다."

그렇다고 하면 어떤 기업이 이기는 기업일까?

첫째, 비전과 목표가 명확해야 하고 변화에 빠르게 적응해야 한다.

방향성이 분명히 설정되어야 임직원들이 한 방향으로 움직이며 시장과 기술의 변화, 아울러 소비자 트렌드 변화에 대응하는 능력을 갖추게 된다.

예를 들어, 지구상의 모든 개인과 조직이 더 많은 것을 성취하도록 돕는다는 마이크로소프트는 '모든 사람의 생산성 향상'이라는 비전하에 소프트웨어 중심(윈도우)에서 클라우드 중심으로 개편하면서 AI 시대 리더가 될 발판을 마련하였다.

둘째, 차별화와 경쟁우위를 갖추되 고객의 문제를 해결하고 경험을 개선해주어야 한다.

일단 경쟁사들이 쉽게 모방할 수 없는 기술을 확보해야 하며 브랜드 아이덴티티(Brand Identity: 브랜드가 소비자에게 전달하고자 하는 고유한 정체성과 이미지)와 운영시스템이 따라주어야 한다.

예를 들어, LG전자는 기능 경쟁에서 벗어나, 사용 경험 중심으로 전환하였다. LG오브제컬렉션은 인테리어와 일체화된 제품이며 스마트싱큐는 집 전체를 하나의 경험으로 연결

했다. (스마트홈 통합플랫폼)

셋째, 자율성과 수평적인 소통문화 그리고 학습문화에 의한 인재관리 및 조직문화가 형성되어야 하며 전략을 실제로 구현하는 역량을 가져야 한다.

직원들이 함께 성장하고 동기부여를 받을 수 있는 조직 분위기를 조성하고, 화려한 전략보다는 조직이 바로 실행할 실행력이 우선되어야 한다.

예를 들어, 에어비앤비는 팀의 다양성과 열린 피드백을 경쟁력으로 "Belong Anywhere(어디서든 소속감을 느끼게 하자)"라는 문화철학을 가지고 있다.

마지막으로 위기 상황에도 견딜 수 있는 재무구조(재무건전성)를 유지해야 하며 단기 이익보다 지속 가능한 경영을 지향한다.

예를 들어, 쿠팡의 경우 '속도의 해자'를 구축한 기업으로 속도와 편의성을 통한 습관을 장악하자는 것이 전략이었다. 실제로 로켓배송과 새벽배송 등 물류 인프라 자체를 소유했으며 반품까지 원스톱 경험을 설계하였다. 이는 기업의 매출에 앞서 시간을 잡은 명확한 사례이다.

필자는 『이기는 기업은 무엇이 다른가?』에서 흔들리지 않고 성장할 수 있는 기업의 특성을 다음과 같이 요약해 놓았

 브랜드는 변해도 마케터는 남는다

다. 먼저 위기의 본질을 제대로 진단하는 능력을 가져야 하며 무엇이든 핵심역량Core Competence을 집중하고 적어도 변화의 흐름을 읽는 통찰력을 갖추어야 한다. 끝으로 조직 내부와 일체감이 강한 실행력을 통해 위기 때 체질을 바꾸어야 한다는 것.

결국 이기는 기업은 매출이 높은 기업이 아니라 변화의 파도를 읽고 고객의 마음을 선점하며 조직의 에너지를 혁신으로 연결할 수 있는 기업을 말한다.

마케팅을 찢다,
전략을 찢다

1) 2013년 하겐다즈는 "Concerto Timer APP"이라는 AR(증강현실) 인터렉티브 (interactive: 상호적인) 캠페인을 실시하였는데 그 내용은 스마트폰으로 하겐다즈의 아이스크림 컵 뚜껑을 촬영하면 그 위에서 작은 바이올린 연주자나 춤추는 영상이 재생된다. 재미난 영상이 끝나면 아이스크림이 적당히 녹아 고객이 더욱 맛있게 하겐다즈 아이스크림을 먹을 수 있게된다. 캠페인 내용은 "아이스크림을 기다리는 2분, 클래식 콘서트로 바꾸다."이다.

2) "정장을 입은 마네킹이 하늘을 난다면?" 브라질 대표 남성복 브랜드인 Camisaria Colombo는 "THE Flying Collecting"이라는 캠페인을 블랙프라이데이에 실시하여 브라질 상파울루 하늘 위에 드론으로 정장 마네킹을 떠다니게 하였다.

기획 의도는 사무실 안에 갇힌 남성들에게 하늘에서 옷을 보여주자는 취지였는데, 당시 사진 속에는 직장인들이 창문 앞에서 스마트폰으로 촬영하며 SNS에 공유하는 장면이 다수 포착되었다. (매출 약 25%, 웹사이트 방문자 수 급상승)

위 두 사례는 평범한 스토리로 보기 어렵다. 발상이 기발하고 IT산업과 콜라보하거나 드론이라는 새로운 도구Tool를 사용한 것이 이채롭다. 최근 마케팅은 타깃에 대한 이해가 부족하고 불명확하거나 잘못된 목표를 설정하기도 한다. 더불어 고객의 반응과 시장 변화를 신속히 반영할 전략다운 전략도 찾아보기 힘들다.

이미 과거 마케팅의 원칙을 적용하기에 한계가 있고 인스타그램처럼 변화한 매체는 한 번도 겪어보지 못한 소비자와 조우遭遇하고 있다.

그렇다면 마케팅을 수행하기에 불편한 진실은 없는가?

첫째, 고객의 필요를 만족시키는 제품과 서비스를 내놓으면 팔릴까?

통상 경제학자들은 일상생활에서 필요한 제품과 서비스는 이미 거의 다 확보했고, 필요 또한 해소되었다고 본다. 성장의 폭주 끝에 소비는 서서히 멈출 것이고 소비하지 않은 디컨슈머Deconsumer의 출현이 머지않았다고 예측한다.

둘째, 단순히 고객의 필요에 충실하면 제품과 서비스가 팔린다?

이제 고객의 필요를 넘어 실제 구매 행동에는 수많은 변수가 존재한다. 고객 구매 여정만 하더라도 녹록지 않아 보인다.

셋째, 고객이 응답한 조사 결과대로 제품과 서비스가 팔린다?

고객의 응답과 행동에는 괴리감이 존재한다. 그사이에 '고객 판타지(Customer Fantasy: 자신의 이상적 이미지나 감정적 욕망을 실현하려는 상상적 경험)'가 작용한다. 이를테면 고객은 친환경을 말하면서도 쿠팡에서 가장 싼 물건을 사고, 비건을 말하면서 배달 음식을 시켜 먹는다. 단 친환경에 작은 기여를 하고 있다거나 자신이 트렌디하다는 과시를 위한 판타지를 적용한다.

넷째, 고객은 능동적이고 합리적이다?

사실, 현실 속 고객은 수동적이고 감정적이며 비합리적인

 브랜드는 변해도 마케터는 남는다

구매 결정을 한다. 예를 들어 TV요리프로그램을 보고 합리적 결정을 했다면 원재료 판매가 증가해야 하는데, 실제로는 배달 음식 주문으로 이어진다. 결국 동 시간대 홈쇼핑 채널과 정보 전문 프로그램이 연동된다.

마지막으로 고객의 구매 욕구를 자극하면 효율적이다?

여기서 단순히 구매 욕구를 자극하기보다는 결핍을 만들어주면 그 효과는 배가 된다.

일례로 일상적으로 사용하는 수건을 고급화장품과 연계하면 가격 민감도가 낮아지고 고객의 필요와 '아름다워지고 싶다'는 판타지를 동시에 자극할 수 있다.

이제 필자의 저서 『마케팅을 찢다』 내용 중에서 유니크한 전략이라고 설명한 부분을 소개하고자 한다.

1) 새로운 전략으로 새로운 고객을 유치하고, 이를 통해 고객기반을 확장한다.

기존 고객의 연장선이 아닌 '새로운 문제를 새롭게 정의'하는 것이 핵심이며 새로운 가치 제안이나 진입장벽을 낮추며 심리적 보상도 병행한다.

2) 서비스 가치 제안을 효과적으로 전달하여 잠재고객을

창출하고 유료고객으로 전환한다.

이 전략은 현재 성장 마케팅Growth Marketing의 핵심과제로 무엇이 진짜 유료로 살 만한가 따져봐야 한다. 고객이 지갑을 여는 이유는 '좋아서'가 아니라 '내 문제를 해결해주기 때문'이라는 것을 잊어서는 안 된다.

3) 잠재고객 사이에서 회사의 제품이나 서비스에 대한 인식 형성(시장 인식)이 중요하다.

배달의 민족은 음식 배달 앱이 아니라 배달문화의 유머와 철학을 전달하려고 하였다. 이는 결국 브랜드 인식은 광고가 아니라 고객의 '인지지도' 속 자리를 차지하는 과정으로 보이며 감정적으로 경험시키는 것이 좋다.

4) 브랜드 아이덴티티를 구축한다.

브랜드 아이덴티티는 고객이 브랜드를 떠올릴 때 무엇을 느끼고, 어떻게 기억하느냐를 설계하는 과정이다. 더 나아가 기업이 의도적으로 설계한 '보여주고 싶은 진짜 나'라고 개념 지어도 좋을 것 같다. 그렇다면 고객이 브랜드를 사랑하게 되는 이유는 좋은 제품이 아니라 '명확한 정체성'이라는 것이다.

   브랜드는 변해도 마케터는 남는다

5) 소비자의 긍정적 평판 형성, 일관된 메시지, 시각적 요소의 차별화, 브랜드 포지셔닝 등을 중요시한다.

- 소비자의 긍정적 평판: 고객 경험, 구전, 후기, 사회적 언급, 지속적인 신뢰, 경험의 누적

- 일관된 메시지: 핵심메시지, 고객 중심 언어, 채널 일관성, 지속성

- 시각적 요소의 차별화: 일관성과 독창성이 브랜드 각인(예: 배민체)

- 브랜드 포지셔닝Brand Positioning: 경쟁 브랜드와 구별되는 인식의 자리

예) 토스: 복잡한 금융을 단순하게

6) 기존 고객을 육성하여 구매 유지를 이루는 것이 필수적이다.

신규 고객 유치는 기존 고객보다 유지 비용이 5~7배 들기 때문에 성장하는 브랜드일수록 기존 고객을 더 중요하게 관리(비용 효율성)/매출 70~80% 기존 고객 발생(재구매 매출 기여도)/추천Referral 확산력/데이터 자산화/ 브랜드 팬덤 구축

7) 고객 맞춤형 커뮤니케이션 및 로열티 프로그램을 운영

한다.

고객의 데이터를 읽고 감정을 이해하며 관계를 설계하는 마케팅의 완성단계

최근 나이키는 '제로를 향해서Move To Zero'라는 캠페인으로 소위 마케팅을 찢었다. 이 캠페인에는 '재료 중심'과 '지속 가능 재료 사용' 캠페인을 진행하고 있는데 스포츠의 미래를 보호하기 위해 탄소와 폐기물 배출 제로를 달성하려 한다고 한다.

마케팅을 찢으면 시장에 대한 이해도가 높아지고 고유한 판매 제안과 맞춤형 커뮤니케이션으로 고객의 신뢰도가 높아진다.

따라서 어제의 것을 강화하기보다 변화된 시장과 고객에게 좀 더 다가서려는 노력과 배려심을 가져야 한다.

   브랜드는 변해도 마케터는 남는다

비전,
미래 생존력의 근본이 되다

1900년대 파리 만국 박람회에서는 100년 후인 2000년의 세상을 상상한 흥미로운 그림들이 소개되었다. 이 그림들은 상업예술가 장 마르크 코테Jean-Marce Cot'e와 그의 동료들이 1899~1910년 사이에 제작한 것으로 당시 상상하던 꿈 같은 생각들이 현실화되고 있다.

작품 주제는 "서기 2000년의 상상된 미래", 이는 1900년대 사람들이 21세기를 어떻게 상상했는가를 보여주는 역사적 자료이다.

1) 비행학교L'ecole: 아이들이 날개 달린 배낭을 메고 공중에서 수업 받는 장면

2) 해저여행자Voyage sous-marin: 사람과 물고기가 함께 거니는 해저 도시

3) 공중열차Train A'erien: 하늘 위를 달리는 기차, 오늘날의 모노레일 혹은 드론을 예견한 듯한 설정

4) 자동노동자Automated Workers: 로봇이 인간 대신 일하는 모습

5) 기계학습장치Automatic Teacher: 학생이 머리에 전선을 연결해 책의 내용을 바로 흡수하는 장면(AI 교육의 원형처럼 평가됨)

이 그림들은 초기 SF 비주얼의 원형이 되었으며 드론, AI, 자율주행, 메타버스를 이미 100년 전에 상상해낸 장 마르크 코테는 비전아티스트로서는 물론이고 스티브 잡스, 일론 머스크 등 혁신가들이 말한 '상상력의 기원' 사례로 자주 언급되곤 하였다. 만약 이런 비전이 없었다면 그들이 꿈꿨던 세상이 다가왔을까? 따라서 비전은 미래를 선점하는 관점이라고 해석하는 것이 옳다.

기업으로 관점을 돌리면, '미션으로 갈 것인가?misson-driven' 혹은 '비전으로 갈 것인가? vision-driven'라는 분기점에 다다른

다. 전자는 오늘의 행동을 정의하고 '우리가 왜why 이 일을 하는가?'라고 질문하게 된다. 아울러 후자는 내일의 방향을 제시하며 '우리는 무엇을What 이루고자 하는가?' 하고 또 다른 질문을 던진다.

기업이 넘어야 할 3가지 허들이 있는데 그 첫째가 "목표를 달성하기 위해 어떤 방법을 동원할까?(전략)"이고 둘째는 "도대체 우리 기업은 왜 존재하는가?" 하는 미션에 대한 고민이다. 마지막으로 "미래의 모습은 어떤 모습일까?" 하는 비전이라 할 수 있다.

한 가지 주목할 사안은 비전이 생존의 근본이 되는 이유는 피터 드러커의 말처럼 변화의 나침반, 즉 방향으로 작동한다는 것이다. 아울러 비전은 위기를 기회로 전환하는 일종의 '해석의 틀'을 제공한다는 것이다.

이를테면 같은 위기를 맞아도 비전이 있는 조직은 '성장의 계기'로 해석하고 비전이 없는 조직은 '생존의 위기'로 받아들인다는 것이다. 그 밖에 구성원을 하나로 묶는 '집단적 정체성'의 역할도 비전을 수행할 때 하나의 목표를 두고 줄을 세우는 힘을 가지고 있다.

예를 들면 "세상의 정보를 조직화하여 모두가 접근하고 유용하게 만든다."라는 구글의 비전선포문 하나에 수만 명의 엔

지니어와 기획자, 마케터들의 판단 기준이 이루어진다는 사실.

마지막으로 변화에 대한 '내적 에너지'가 생긴다. 이를테면 비전이 있는 기업은 외부의 변화에 반응하지 않고 내부 목적에 따라 창의적인 대응을 한다.

결론적으로 비전 기업이 미래에 생존력의 근본이 되는 이유는 경영자의 강한 카리스마보다 조직적인 시스템에 의해 운영되며 크고 대담한 목표를 위해 부단한 노력을 한다는 점이다. 아울러 G.E의 잭 웰치에 이은 내부 승계처럼 내부 승진에 의한 연속성 있는 경영이 가능하다는 것이다.

끝으로 차차세대를 아우르는 로드맵을 설정하거나 핵심가치 보존과 끊임없는 개선에 게을리하지 않는다는 것도 비전 기업이 장수하게 하는 요인이 될 것이다.

캐즘이 곧 기회,
진격의 거인이 되라

최근 전기차와 하이브리드 시장을 얘기하면서 종종 '캐즘Chasm'이라는 용어를 사용하곤 한다. 캐즘이란 제프리 A. 무어가 1991년 발표한 책『캐즘 마케팅Crossing the Chasm』에서 소개된 개념으로, 새로운 기술이나 제품이 '초기시장(early adopters: 혁신 수용층)'을 넘어서 '대중시장early majority'으로 가는 위험한 틈chasm, 간극을 의미한다.

초기수용자들은 혁신을 즐기는 반면 조기 다수자들은 실용성과 검증된 가치를 중요시한다. 이 두 그룹 사이의 차이로 인해 캐즘이 발생하며, 기업은 이를 극복하기 위한 노력을 배가해야 한다.

문제는 캐즘현상에 빠지면 소비자가 기술을 신뢰하지 않으며 인프라, 가격, 인지도 부족으로 시장은 멈추게 되는데 대부분의 기업들은 과거로 돌아가는 경향이 많다.

그러나 이 캐즘을 통과하면 그 기업만이 시장의 표준이 된다는 사실을 안다면 이는 고려해볼 만한 상황이다.

캐즘을 '안전한 다리'로 만든 도요타가 그렇다. 1990년대 말은 전기차가 '비현실적'이라 불리던 시기였다. 충전 인프라가 부족했으며 비용도 완성차에 비하면 부담스러웠다. 그러나 도요타는 '전기로 가는 첫 단계'를 하이브리드로 설정했다.

이들은 엔진과 전기모터를 병행하는 안전한 과도기 기술을 제시했는데 "지구를 지키는 합리적 선택"이라는 슬로건을 내세운 'Prius'라는 신제품을 출시했다. '환경'과 '안전성'을 동시에 강조한 Prius는 2000년대 중반 대중수용층Early Majority에 진입하여 '전동화의 신뢰성'을 시장에 심어주었다.

그들은 '캐즘'을 기술의 완성이라기보다 신뢰의 획득으로 보았다.

도요타 회장의 "사람들이 깨어나 이제야 현실을 보고 있다."라는 호언처럼 전기차의 질주를 멈추고 자신만의 경쟁력을 통해 시장에서 확고한 위치를 차지하겠다는 의지도 표명하고 있는데 업계에서는 여전히 반신반의半信半疑하고 있는 것 같다. 여기서 한 단계 더 나아가 캐즘의 4단계를 살펴보면 앞서 언급된 사안과 관련하여 판단에 도움이 될 것 같다.

캐즘의 1단계는 혁신수용자Innovator라는 기술 마니아나 조기 실험자가 있는데 이들은 신기술 자체에 매력을 느껴 실패를 감수하고 시도하기를 즐긴다.

일례로 1996년 GM의 전기차 EV1 출시 당시 충전소가 거의 없었음에도 소위 기술 덕후들은 망설임 없이 구매했다.

2단계는 초기수용자Early Adopter로 기술이 완전히 검증되지 않은 단계이지만 사회적 영향력이 높고, '새로운 흐름'을 선도하는 부류들이 주요 소비자가 된다. 이들은 '새로운 기술이 세상을 바꾼다.'라는 믿음을 가지고 있다.

바로 이 단계 이후 시장 정체 구간인 3단계, 캐즘이 발생한다. 앞서 얘기한 대로 기술에 대한 신뢰, 가격, 편의성 부족으로 대중 확산이 멈춘다. 기업의 고민이 깊어지는 분기점이라 할 수 있다.

4단계에는 초기대중Early Majority, 즉 신중하고 실용적인 소비자가 등장한다. 시장 단절을 뛰어넘어야 하는 시기이며 브랜드보다는 '가치대비 효용'을 판단 기준으로 삼는다. 이 시점부터 시장 폭발이 일어난다.

아울러 실용주의자와 대중들도 소비에 참여하여 기술의 혁신성을 검증할 시기로 여겨지며 추후 기술에 대한 수요를 유지하면서 더 나은 가치와 비용 절감을 추구할 뿐 아니라 새로운 기술이 시장에 완전히 안착하게 된다.

따라서 캐즘을 극복하기 위해서는 타깃층을 선정하여 집중하고 예를 들어 다운로드 사이트를 발전시켜 캐즘에서 탈출한 MP3의 경우처럼 혁신 제품과 연계한 인프라를 구축하는 것이 바람직하다. (초기 혁신자 그룹)

그렇다고 하면 하이브리드 양산에 전력하는 도요타에게는 또 하나의 과제가 남은 것이다.

마지막으로 표준화에 민감한 다수 수용자를 위해 업그레이드가 편리한 안정적인 표준화 전략도 구상해볼 만하다.

우린 이미 아이튠즈 생태계를 함께 제공하면서 생존한 아이폰이나 종이책 시장에 도전장을 내어 성공한 eBook의 사례에서 캐즘 극복의 실사례를 보았다.

따라서 전기차는 캐즘을 극복하고 새로운 시장을 열 것이라 전망해보기도 하는데 이런 현상은 하나의 트렌드라 가벼이 볼 일이 아니기 때문이다.

결국 전기차는 '캐즘을 통과하여 산업표준으로 자리 잡은 기술'로 업그레이드할 것이 분명하다.

가격과 가치의 정당성을 찾아라

최근 편의점에서 불황기에 나타나는 현상이 있는데, 크기와 용량을 줄이는 추세와는 반대로 양은 늘리고 가격은 낮추는 제품들을 출시하고 있다.

물론 편의점 PB(Private Brand: 대형마트나 편의점 등 유통업체가 자체적으로 기획하고 제조업체에 생산을 의뢰해 자사 브랜드로 판매하는 상품) 상품이지만 그만큼 불황기의 가격에 예민하다는 근거이다.

기업들이 제품 가격을 그대로 놔두고 크기와 용량을 줄여 우회적으로 가격 인상 효과를 얻는 현상을 '슈링크플레이션

shrinkflation'이라 하는데 이에 대해 소비자의 여론이 악화되자 일부 업체가 역슈링크 상품을 출시하고 있다. 이는 상품 가격은 낮추고 용량을 늘려 최대한의 가성비와 가심비를 채워 소비자에게 호평을 받겠다는 의지로 보인다.

『트렌드 코리아 2024』에는 가격을 다룬 버라이어티 가격 전략에 대한 내용이 나온다. 과거 시장경제는 '보이지 않는 손'이 중심 역할을 하여 수요와 공급이 일치하는 지점에서 자동적으로 가격이 결정되었다.

그런 측면에서 마케팅믹스4PProduct/Price/Place/Promotion에 가격이 상대적으로 비중 있게 다뤄진 측면이 있다. 그러나 빅데이터와 인공지능 등 정보기술이 발전하면서 개인의 '지불용의'를 측정할 수 있는 기술적 가능성이 열려 있다. 그 결과 하나의 상품에도 다양하게 매겨진 N개의 가격이 정해지게 되었다.

이제까지는 일물일가의 법칙, 즉 하나의 상품에 하나의 가격이 존재하는 정책이었다. 이를테면 한국에서 맥도널드 햄버거 가격이 매장별로 동일하고 스타벅스 아메리카노 한 잔 가격이 전국적으로 동일했다. 그러나 카카오택시의 블루를 호출하면 호출하는 시간의 위치, 수요에 따라 가격이 달라진다. 항공기에도 서로 다른 티켓 가격이 형성된다. 이런 현상

　　　　　　　　　브랜드는 변해도 마케터는 남는다

은 앞서 언급한 대로 AI 기반 실시간 데이터 등 수많은 변수를 계산할 수 있는 가격 책정 기술의 발달에 기인한다.

이제 버라이어티 가격의 등장 요인과 장단점에 대해 알아보자.

첫째, 소비자의 가격 정보에 대한 수월한 접근과 IT 기술의 발달이다. 아울러 시장의 계속된 불확실성으로 인해 가격모델이 가속화되고 이윤을 극대화하는 단일가격보다 유리해지는 상황이 도래했기 때문이다. (세계가격책정전문협호에 따르면 포춘 선정 500대 기업 중 가격전담 부서를 별도 운영하는 기업은 전체 중 9%라고 한다.)

그렇다고 하면 장단점은 무엇일까?

1) 고객의 지불 의향Willingness To Pay에 다른 맞춤화 가격을 제공함으로써 고객 만족도가 향상된다.

2) 높은 가치를 느끼는 고객부터 가격에 민감한 고객까지 더 많은 고객을 확보함으로써 매출과 시장점유율이 확대된다.

3) 높은 이익과 중간이익을 실현하면서 하나의 가격을 형성함과 달리 다양한 가격대의 이익 실현이 가능해진다.

하지만 운영과 관리가 복잡하여 비용이 상승하거나 다양한 가격 할인이나 기대 가격의 차이로 브랜드 이미지나 신뢰 형성에 부정적인 역할을 할 가능성도 있다.

가격 결정의 권위자인『프라이싱』의 저자 헤르만 지몬 Hermann Simmon은 가격을 한마디로 "고객이 느끼는 가치"라고 정의한다. 이를테면 같은 상황에도 느끼는 가치가 다르다는 것이다. 그렇다면 소비자는 어떤 기준으로 가격을 가치에 대비해 결정할까? 소비자는 상품을 구매하는 시간과 구매하는 채널, 더불어 상품을 구매하는 소비자의 특성과 상품을 판매하는 '옵션' 외에 다른 요소를 종합적으로 고려하여 결정한다.

이 중 가격과 관련하여 주목할 것은 '공정한 가격'이다.(『가격 차별의 경제학』저자 사라 맥스웰)

이를테면 소비자가 인정하는 '공정한 가격'이란 개인적인 공정성과 사회적 공정성을 모두 만족시키는 가격으로 예를 들어 소비자는 할인을 자주 하는 회사에 대해 준거가격 (reference price: 소비자가 자기 경험이나 기준을 통해 부여한 가격)을 더 낮게 인식하여 브랜드에 문제가 있을 것으로 생각한다는 것이다.

그의 저서『가격 차별의 경제학』에서 원숭이도 불공정한 가격에 분노한다는 명제로 재미난 실험을 한 바 있다.

 브랜드는 변해도 마케터는 남는다

일단 연구팀은 암컷 거미원숭이들에게 장난감 돈의 사용법을 가르쳤다. 그리고 원숭이를 상대로 가격 공정성에 대해 실험했다.

첫 번째 원숭이에게는 장난감 돈을 내지 않아도 맛있는 포도를 공급했다. 두 번째 원숭이에게는 장난감 돈을 내게 하고 그 대가로 맛없는 오이를 주었다.

그러자 놀랍게도 두 번째 원숭이가 장난감 돈은 물론 오이까지 땅바닥에 팽개치는 격한 반응을 보였다. 이유는 첫 번째 원숭이가 돈을 내지 않으면서 더 맛있는 포도를 받았다는 사실에 화가 났기 때문이다.

연구팀은 이번 실험으로 다음과 같은 결론을 내렸다. "공정성에 대한 감정적 반응은 인간의 본능이다." 맥스웰 교수는 이와 관련하여 "사람들은 불공정 가격에 본능적으로 격분한다. 따라서 불공정하게 가격을 책정하는 회사는 단기적으로 이익을 볼지언정 장기적으로는 파산의 위기에 처할 수 있다." 라고 하였다.

문제는 가격 책정을 투명하게 알리고 제품과 서비스 가치에 대해 정확히 커뮤니케이션하라는 것이다. 예를 들어 국내 정유 가격은 원유 가격이 아니라 국제 정제유 가격에 영향을 받는다. 그러나 국제시장에서는 정제유 가격이 원유 가격에 상관없이 형성되는데 소비자들은 원유 가격이 내렸는데 "왜 이렇게 가격이 비싸냐"고 불평불만을 늘어놓는다. 결론적으로 기업은 신뢰할 만한 가치와 가격을 정당하게 소비자에게 전달하여야 한다. 말하자면 가격은 기업이 만들고, 가치는 고객이 판단하며, 정당성은 스토리로 연결된다는 사실을 더불어 인식해 주기 바란다.

프리코노믹스Freeconomics, 과연 돌파구는 생기는 것일까?

공짜경제Freeconomics란 제품이나 서비스를

무료로 제공함으로 새로운 시장 창출을 통

해 수익을 만드는 마케팅 기법을 말한다.

이는 롱테일법칙(Long tail principal: 상위

20%의 고객이 80%의 매출을 차지한다는 법칙)의

창시자 크리스 앤더슨Chris Anderson이 이코

노미스트지에 "Free: The Future of Radical

Price"라고 제시하면서 유행하기 시작했다.

영국의 팝가수 프린스가 560만 달러의

인세를 포기하면서 일간지 데일리메일에

새 앨범 300만 장을 무료로 끼워 배포한 뒤

데일리메일 측으로부터 받은 라이선스와

콘서트 입장료 등으로 1천 880만 달러의 수익을 올려 프리코노믹스의 전형적인 사례가 되기도 하였다.

통상 침체기를 거치면 공짜경제 사업모델이 확산될 가능성이 높다. 특히 강력한 대체재가 나타났거나 제품범용화(특정 제품이나 서비스가 다양한 상황에 널리 사용되어 소비자에게 차별성이 거의 느껴지지 않는 현상)가 빠르게 진전되는 음악, 서적, 개인방송(유튜브), 더불어 고정비용이 크고 한계비용이 적은 항공, 운송, 인프라 사업에 적용된다.

아울러 산업 간 융합이 활발하게 이뤄지는 분야나 패키지 소프트웨어처럼 특정 기업이 독점하거나 성숙에 달한 시장 범주에 해당한다고 보아야 한다. (예: 구글)

실제로 이를 실행하기 위해서는 창의적인 수익모델이나 실행상 위협관리, 진정성 관리 등 3가지 측면에서 유의해야 한다.

무조건 진입장벽이 제거되거나 대규모 사용자 기반의 네트워크 효과 그리고 충성도 강화 및 지속 가능한 성장만의 특장점만 주목해서는 안 된다.

반대로 공짜경제를 방어해야 하는 기업의 경우 시장 재정의를 통한 사업 영역의 고도화, 기존 시장 내 제품 차별화와 수익 원천 선점, 관련 산업의 공짜전쟁에 활용할 것인지 신중

  브랜드는 변해도 마케터는 남는다

히 검토해야 한다. 과거 유료였던 제품 및 서비스를 무료로 공급하면 소비자의 관심attention과 명성reputation이 따라오고 나아가 광범위한 사용자 기반을 확보해 이를 바탕으로 관련 영역에서 새로운 수익을 창출한다. 이것이 비즈니스모델 패턴의 무료모델이다.

특정 대상에 무료로 상품과 서비스를 제공하여 그것을 기반으로 다른 비즈니스와 고객을 연결시키는 방법으로 면도기를 무료로 제공하고 교체용 면도날을 판매한 질레트, 외국의 사례지만 마음에 드는 안경이 있으면 5개까지 무료로 배송하고 시력검사만 입력하면 2주 안에 맞춤 제작 안경을 보내주는 와비파커가 그것이다.

광고가 포함된 음악스트리밍을 제공하는 스포티파이Spotify도 공짜 체험을 통해 프리엄 전환을 유도한 프리코노믹스의 한 전형이다.

그렇다고 프리코노믹스가 거칠 것 없이 헤쳐나가는 진격의 거인일까?

2004년 한국 최대 커뮤니티 사이트였던 프리첼이 순식간에 몰락한 것도 공짜가 대세인 인터넷 환경에서 유료화로 전환하는 전략적 오류에서 비롯되었다.

앞서 언급한 대로 '진정성 관리'의 실패는 기업의 파산으로

까지 이어질 수 있다는 것도 아울러 명심할 필요가 있다.

결론적으로 돌파구를 찾는다면 프리코노믹스로 하여금 소비자들을 통제하거나 관리하지 않으며 다양한 선택권과 혜택을 부여할 뿐 아니라 그 이후 발생하는 소비 역시 스스로 결정할 수 있다는 점이다. 여기에 잠재고객을 확보하거나 브랜드 인지효과가 상승할 수 있다는 점에서 이 전략에 희망을 걸어도 될 듯하다.

히트상품 개발 원칙을
상기하라

불황기에 신상품을 개발하고 런칭할 계획의 경영자를 만나면 먼저 기업이 가지고 있는 자산Heritage이 무엇이며 만일 보유하고 있다면 그것을 가지고 출발하라고 권유한다. 이것을 통상 헤리티지Heritage 원칙이라 하는데 이를 활용하면 신상품 성공 확률을 높일 수 있고 신규 투자비를 절감하여 리스크를 최소화할 수 있다. 그리고 개발 시간을 줄이고 상황 변화에 수월하게 대처할 수 있다는 장점이 있다.

그렇다면 기업의 헤리티지는 무엇인지 구체적으로 살펴보자.

1) 히트개발원칙-헤리티지 원칙

헤리티지의 종류는 확실한 기술, 원료, 유통, 설비, 인프라, 브랜드, 이미지, 사람, 고객층, 역사 등 다양하게 포진되어 있다. 분명한 것은 모든 기업이 작든 크든 헤리티지를 갖고 있다는 것이다.

대표적인 사례가 코카콜라이다. 1916년 창업하여 무려 100년 동안 다양한 마케팅을 진행해 왔는데 이 회사가 단순히 오랜 역사를 거쳐왔으므로 해당하는 것이 아니라 브랜드가 시작된 이유, 즉 기원Origin이 확실하고 외형보다 핵심정신Core Spirit을 유지하고 있다는 것이다. 이를테면 삶을 증진시키고 일자리를 창출할 뿐 아니라 기회를 늘리고 자원을 보존하며 전 세계 지역 사회의 니즈를 충족시키는 것이다. 아울러 단순 복고가 아니라 일종의 '진화하는 전통'으로 재해석한다는 점이 헤리티지의 원칙을 대변한 사례라 아니할 수 없다.

2) 마이크로벨류의 원칙Micro Value Principle

최근 초개인화 시대 나아가 고객경험 시대에 자주 등장하는 용어가 마이크로벨류이다. 이 말은 고객은 큰 가치Big Value보다 자신의 일상 속에서 느끼는 작은 만족Micro Value에 반응한다는 것이다. 물론 제품의 우수한 스펙이나 차별적 기능은

  브랜드는 변해도 마케터는 남는다

품질 경쟁 차원에서 매우 중요한 요소이나 여기에 '작은 가치의 차별화'가 더해지면 본원적 품질이 상승되는 시대가 되었다.

이 원칙에는 3단계 FFinding-PProduct-SSharing의 순서가 있다.

첫째, 가치의 발견Finding-고객의 파파라치가 되어라.

고객 관점에서 마이크로벨류를 찾기 위한 기본적인 방법은 직접적인 소비자 인터뷰를 통해서 섬세한 니즈를 찾아내는 것이다. 통상 전문가들은 파파라치처럼 '관찰기법'을 권유하기도 하는데 24시간 카메라로 관찰하거나 소비자를 따라가면 제품 구매에 대한 여러 스타일을 발견하게 된다. 여기에는 고객구매여정(Consumer Experience journey Map: 고객이 브랜드나 서비스를 발견하고 탐색, 요구, 행동 후 지지까지 이어지는 일련의 경험 흐름)이 있다.

둘째, 제품Product-배려의 증거를 제품에 남겨라.

마이크로벨류는 소비자의 불편함을 해소해주고 감동을 줄 수 있는 제품과 서비스로 구현된다. 인스턴트 커피를 가위 없이 자를 수 있게 절취선을 두는 것도 이런 경우이다.

마지막으로 알려라Sharing이다. 마이크로벨류는 왜 그렇게 생각하였으며 어떻게 구현하였는지 스토리를 알려주면 소비자에겐 감동의 스토리가 된다. 만일 알리지 못하면 알지 못하고 눈치채지 못하는 경우가 왕왕 있다.

여기서 우리가 알 수 있는 것은 마이크로벨류를 설계한 브랜드만이 고객의 루틴 속에 자리 잡는다는 것이다.

3) 포지셔닝 프레임의 법칙Positioning Frame Principle

포지셔닝 프레임의 법칙은 단순히 '브랜드를 어떻게 차별화할까?'가 아니라 소비자의 머릿속에 '우리 브랜드를 어떻게 각인시킬까?'이다. 한마디로 지각(Perception) 설계라 할 수 있다.

『포지셔닝Positioning: The Battle for Your Mind』의 저자인 알 리스와 잭 트라우트의 말이 포지셔닝 이해에 도움이 될 것 같다. "포지셔닝은 제품의 위치가 아니라, 고객의 인식 속 프레임을 설계하는 일이다." 즉, 같은 제품이라도 고객이 어떤 기준 Frame틀로 바라보느냐에 따라 완전히 다른 평가를 받는다는 원리이다.

이를 위해서는 두 가지 방법이 있는데 그 첫째가 관여도 involvement를 적중해야 한다는 것. 관여도란 내가 얼마나 관계되어 있는지, 관심은 무엇인지 따지게 된다. 만약 관여도를 적중시키면 소비자는 수백, 수천 개의 정보를 흘려보내고 눈과 귀가 반응한다. 통상 소비자 프로파일 형식으로 찾아내기도 한다.

그리고 프레이밍효과(Framing effect: 동일한 정보라도 그 정보를 어떻게 표현하느냐에 따라 사람들의 선택과 판단이 달라지는 심리적 현상)를 이용하는 방식이다.

사람은 어떤 프레임을 제시하느냐에 따라 이에 맞춰 마음이 움직이고 기억이 달라진다. 이를테면 같은 문저라도 사용자에게 어떤 방식으로 질문하느냐에 따라 사용자의 판단과 선택이 달라진다.

일례로 "90% 고객이 만족한 보험"과 "10% 고객만이 불만족한 보험"의 카피 중 긍정적인 프레임의 첫 번째 광고(90%의 만족)를 주저 없이 선택하고 부정적인 프레임(10%의 불만)에는 약간의 망설임과 불안감을 보였다.

4) 경험의 법칙

현대 소비 트렌드를 설명하는 핵심 패러다임에는 '소유소비'와 '경험소비'가 있다. 필요와 욕망에 의해 소비하는 것은 전자이며 물질적 가치가 중심이 되고 있으나 후자는 새로운 경험으로(여행, 강의, 독서 등) 새로운 생각과 감정을 유발해 낸다는 의미로 "무엇을 느끼느냐?"가 핵심 질문이다.

소유소비는 실용적이고 지속적이며 경제적으로 사람들을 행복하게 만드는 요소를 제공하고 경험소비는 자아발견이라는 또 다른 행복 요소를 제공한다.

실제로 미국의 심리학자 반 보벤과 길로비치Leaf Van Boven&Thomas Gilovich는 연구를 통해 물질을 소비하는 것보다 경험을 소비하는 것이 행복지수를 높여 주는 것이라고 발표하였다. 흥미로운 사실은 소유소비의 희열과 만족감은 시간이 지나면 희미해지는 반면 경험소비는 시간이 지나도 오래 기억에 남는다.

특히 경험소비에는 사건, 사람, 장소가 있는데 이를 적절히 활용하면 소유소비재도 경험소비화될 뿐 아니라 브랜드 이미지를 효율적으로 인지시켜줄 수 있다.

이를 한 문장으로 요약하면 "소유소비는 상품을 사고 경험소비는 자신을 산다."라고 표현할 수 있다.

히트상품의 개발 원칙을 지키라는 것이 아니라 응용하라는 조언도 아울러 드린다.

디마케팅, 고객에게 경고하는 당찬 기업

최근 고객 과잉과 브랜드 피로감, 진정성 없는 친절에 등장하는 용어가 디마케팅 Demarketing이다. 이는 더 팔지 않기 위한 마케팅으로 고객에게 의도적으로 제약, 경고, 거부를 통해 브랜드의 철학과 정체성을 강화하는 전략이다.

일단 목적은 수요를 조절하고 이미지를 향상하는 일인데 과잉 수요, 자원 부족, 환경보호, 수익성 향상 등 다양한 이유로 활용된다.

핵심 메시지는 모든 고객을 원하지 않는다는 것이다. 차라리 고객에게 '거리두기'를 함으로써 존중과 신뢰를 얻을 수 있다는 전략적 의미도 담겨 있다.

예를 들어 미술관이나 콘서트에서 입장 수를 제한하거나 명품브랜드가 한정 생산을 통해 희소성을 높이는 것이 대표적이다. 디마케팅은 체리피커(혜택만 챙기는 소비자)로 인한 피해를 줄이고 우량고객에게 집중함으로써 판촉 비용 절감 및 수익 극대화가 가능하다. 은행, 보험, 백화점 등에서 소액 고객에 대한 서비스 제한이나 회원 정리 등이 이에 해당한다.

이 밖에 사회적 책임과 긍정적 이미지이다. 디지털 중독, 환경오염처럼 사회적 문제 해결을 위해 기업이 자발적으로 구매를 줄이거나 자제를 권하는 캠페인을 펼치기도 한다. 이를 통해 기업의 진정성과 사회적 책임을 강조할 수 있다.

그러면 디마케팅을 어떻게 적용해야 할까?

디마케팅은 장기적이고 일관된 전략으로 적용해야 하며 무분별한 차별은 오히려 반발을 초래할 수 있다.

다양한 산업에서 활용되며 최근에는 ESG경영과 연계된 사회적 책임이 주목받고 있다. 기업의 지속 가능성과 이미지 관리에 중요한 역할을 한다.

   브랜드는 변해도 마케터는 남는다

2011년 블랙프라이데이에 눈에 띄는 광고가 실렸다. "환경을 생각한다면 꼭 필요한 옷만 사라." 이 광고를 통해 매출보다 지속 가능한 철학을 강조한 파타고니아는 오히려 매출이 30%나 증가하고 '윤리적 브랜드' 이미지를 강화하였다.

이 외에 더 바디샵처럼 과소비, 환경 문제 등 사회적 이유로 구매를 자제하는 디마케팅 형식의 윤리형과 샤넬, 루이비통처럼 브랜드 가치를 지키기 위해 진입 장벽을 강화한 프리미엄형이 있다. 아울러 "우리 철학에 동의하지 않으면 고객이 아니다."라고 정체성을 드러내는 디마케팅이 있는데 우리가 아는 베네통이나 하이네켄이 그렇다.

어떤 효과가 있기에 마케팅의 본질인 늘리기보다 줄이는 것에 전력할까?

일단은 브랜드 팬덤이 생길 확률이 높다. "이 브랜드는 진심이다."라는 감정적 결속이 이루어지고 상업적 의도로 오해받기보다는 철학적 메시지로 신뢰가 형성된다.

또한 역으로 생각해 보면 모든 기업이 '친절'할 때 오히려 '당당함'이 차별화 포인트를 줄 수 있으며 정체성 확보의 두 마리 토끼를 잡을 수 있다.

마지막으로 장기적인 충성고객을 확보한다는 점도 기업이

디마케팅을 선호하는 이유일 것 같다.

여러 유명브랜드의 다양한 디마케팅 사례는 기존 마케팅의 본질을 다시 생각하게 하는 파워가 있다. 예를 들면 다음과 같다.

브랜드	메시지	전략
BMW "우리는 아무나 태우지 않는다."	"우리는 단순히 편안한 차가 아니다."	운전할 줄 모르면 BMW를 살 자격이 없다는 자신감 캠페인
베네통 "옷이 아니라 입장(Attitude)을 파는 브랜드"	"우리의 색은 다양성이다, 불편하면 떠나라."	인종, 전쟁, 질병 등 사회 이슈를 광고에 등장시켜 소비자에게 불편한 진실을 던짐
디젤 "Be Stupid, 어리석어 보이지만 진짜 자신을 살라."	"현명하게만 살지 마라. 어리석음이 곧 용기다."	완벽함, 세련됨을 거부하고 비합리적 선택을 찬양
밴엔제리스 "우리는 단지 아이스크림 회사가 아니다."	"우리 철학에 동의하지 않는다면 우리의 고객이 아니다."	사회운동(인종, 기후, 정의)에 적극 참여, 불편한 입장도 공개

결과적으로 불황기에는 고객에게도 '거절'할 수 있는 디마케팅 전략의 효율성을 기대해도 좋을 것 같다. 팔지 않아도 더 강해진 브랜드를~.

CHAPTER 3

싸부,
인생의 알고리즘을
돌리다

40여 년간 맹사부에게 어떤 일이 있었는가? 전문 계통에
어떤 철학과 결기로 생존했는가? 그의 인간적인 일과 삶
그리고 시니어로서의 미래를 만난다.
"생각을 흔드는 딸깍발이의 민낯"도 보암직하다.

결핍, 너무나도
에너제틱Energetic한

나는 유년 시절이나 청년이 되어 세상을 둘러볼 때까지 변변한 사진 한 장 없었다. 그저 정물화처럼 정면을 노려본 듯한 졸업사진 몇 장과 한때 명륜동 사거리 별사진관에 걸렸다던 전설의(?) 우량아 돌사진, 그리고 인화 상태가 좋지 않은 빛바랜 추억들이 전부다. 그 이후 나의 사진은 스마트폰 갤러리에 쌓여 가지만 세월이 흐를수록 내 기억에 남은 유년 시절은 그리 많지가 않다.

그런데도 내 기억 속에 박제된 유년의 기억들과 무릇 나의 성장과 궤를 같이했을 아픈 이야기들은 잊히지 않고 또렷하게 남아 있다. 눈만 감으면 선하게 떠오르는 장면이 있다. 언제나 생존의 비릿한 냄새를 풍겼던, 당시 서울대 문리대(지금의 대학로)가 내려다보이던 낙산 산동네, 실업자로 다섯 식구의 생계를 책임져야 했던 아버지와 옷걸이 판매원으로 하루 종일 걸어 다니다 지쳐 귀가했던 어머니, 비운의 배다른 삼촌, 이모… 이웃 청년의 극단적 선택….

가끔 내 꿈속 무대에 오르는 배경과 사람들은 가난하고 추레하며 슬프다. 잊어도 될 만큼 세월이 지났지만, 나는 여전히 그것들을 소환해 기억해내기에 분주하다. 왜 나는 이들과 결별하거나 그들을 망각의 섬으로 떠나보내지 못하는 것일까?

나의 탄생도 운명이라면 58년 개띠로 태어난 것도 괴치 못할 계획되지 않은 운명의 연속이었을지 모른다. 다시 기억의 낡은 영사기를 돌려 결핍이 만발했던 유년기로 돌아간다. 그때는 나라도 가난했고(GDP 규모 약 14억 달러로 세계 최빈국 수준) 국민도 피폐했다. 세 끼 밥 먹기가 사치스러울 정도였다.

전쟁의 상처를 간신히 벗어난 우리에겐 베이비붐 세대라는, 시대를 상징한 이름 하나가 떡하니 걸려 있다. 한 해 백만 명 이상이 태어났다는 그 유명한 오팔 개띠….

우리는 복구나 재건을 귀에 못이 박히도록 들으며 자랐다.

(제기랄)

아아… 내가 살던 산동네에는 언제나 아이들이 버글버글 들끓고 있었고 먹고사는 문제가 죽기보다 힘들었던 그 시대의 어머니와 아버지는 시름과 한숨의 세월을 보내고 있었다. 새벽바람을 맞으며 마치 정물처럼 돌아 앉아 한숨을 내리 쉬던 아버지의 축 늘어진 어깨를 기억한다. 하루가 다르게 먹성이 늘어가는 아이들을 보며 자신의 무능을 원망했던 아버지…. 아침이면 어디론가 나가 저녁 늦게까지 먹거리를 구하기 위해 빈속을 달래며 일해야 했던 어머니….

나는 기억한다. 외갓집에 쌀을 빌리러 갔다가 매몰차게 거절당하고 돌아서던 아버지의 뒷모습을… 그리고 눈물…. 못 배웠고, 가진 것 없으며, 아무것도 할 수 없었던 결핍의 시대…. 그 시대에 작고 초라하며 슬픈 초상의 아이가 음지에서 울고 있었다.

내 유년 시절은 잿빛 그 자체였다.

어느 날 동생은 한 입 줄이겠다고 우리 집보다 형편이 나은 친척 집으로 보내졌다. 이별은 그렇게 아리고 슬펐다. 매주 동생을 보러 가던 날, 도로에 지천으로 깔린 낙엽이 선명히 생각난다. 우리 집안 사정은 도대체 나을 기미가 보이지 않았고 삶은 그냥 생존이요 전쟁이었다. 나는 삶의 의미를 점점 잃어가고 있었다. 누군 조숙했다고 표현했지만 아마 지금 관점에서 보면 공황장애를 앓고 있었고 학교에서는 왕따였다. 가난하고 말을 더듬는 내게 다가오는 친구는 없었다. 그들의 조롱과 나를 괴롭히는 선생님의 막말을 나는 감내해야 했다.

이런 상황은 중학교까지 이어졌으며 '등록금 미납'은 내게 멍에처럼 다가왔다. 그때도 그랬다. "너희같이 없는 애들은 가르칠 수 없다."라는 선생님의 폭언이 나를 들개처럼 내몰았다. 그때 내게 다가온 것은 학교 문고의 책들이었다. 책 한 권이 그렇게 위로가 되고 격려가 될 줄 몰랐다.

우리 집 다락방은 나의 우주선 같은 또 다른 세계였다. 결핍은 책을 읽어가며 욕망처럼 채워졌고 나는 글을 쓰거 서서히 자신감을 배워갔다. 『억만이의 미소』를 읽으며 인생을 살아가면서 돈보다 중요한 것이 있다는 것을 알았고, 『김찬삼의 세계일주』는 내게 세계관과 가치관을 일깨워주었다. 세상에 이런 신비한 나라가 있다니….

그렇게 시작된 책과의 인연은 50여 년이 넘었고 나는 지금 56권째 책을 집필하고 있다. 만일 내가 책 말고 다른 것을 선택하였다면 그 결과는 어떠했을까? 내 삶이 풍요로워서 다른 것에 눈을 돌렸다면….

10여 년 전 나는 "세상을 바꾸는 시간 15분(세바시)"에서 결핍 에너지를 이렇게 정의했다. 결핍 에너지란 사람을 움직이게 하는 원동력이다.

그 강연에서 내가 주장한 것은 첫째, 결핍은 부끄러운 것이 아니다. 오히려 채워질 가능성과 잠재력을 품고 있다는 뜻이다. 둘째, 결핍은 창의성의 원천이다. 이를테면 필요한 것을 스스로 찾아내는 과정에서 통찰과 새로운 아이디어를 만들어 낸다.

셋째, 목표는 미리 정하기보다 발견하는 것이다. 결핍을 가진 사람은 기존 모델을 따르는 것이 아니라 스스로 목표를 찾아가는 경향이 있다. 마지막으로 나에게 도전하고 나를 관찰하고 나로부터 탈출하라고 강조했다.

말하자면, '나에게 도전'은 자신의 결핍을 직시하고 그것을 극복하는 태도를 견지하며, '나를 관찰'하는 것은 자기 자신을 객관적으로 보며 부족함과 가능성을 인식하는 것을 말한다. 또한 기존의 틀과 제약, 그리고 고정관념 등을 벗어나 새로운 방향으로 나아가는 '나로부터의 탈출'도 결핍 에너지를 만드는 중요한 요소라 하였다.

끝으로 스티브 잡스의 예를 들어 그가 뛰어난 스펙이나 기술보다 관찰하고 통찰하는 능력으로 세상을 지배한 원동력이 결핍 에너지였다는 것을 강조했다.

그래서 내게 결핍은 희망과 용기의 또 다른 이름으로 남았다. 결핍의 해피엔딩! 참 에너제틱Energetic하다.

운명을 바꾼
어느 광고회사의 광고

인생을 조금 살다 보니 기회는 민낯을 보이지 않으며 의도치 않게 다가온다는 것을 알게 되었다. 나의 광고 입문이 그랬다.

1983년, 신문 5단 10센티짜리 일명 '쪼가리 광고'에 실린 카피라이터 모집 광고를 보았다. 그전에 자료를 정리하다 어느 광고 전문인의 칼럼이 담긴 광고회사 사보를 얼핏 읽은 적이 있었다. 카피라이터? 복사집 사동? 광고의 크기로 보아 결코 큰 회사는 아닐 것 같은데… 그런데 왜 자꾸 머리에서 떠나지 않은 것이지?

잘나가던 기업의 홍보실에서 기울어 가

 브랜드는 변해도 마케터는 남는다

고 있을 것 같은 광고회사를 선택한다고??

제출 서류는 자기소개서와 이력서뿐…. 퇴근 후 자기소개서를 썼다. "하하하, 광고 말이요?" 그리고 "사장님이 저 같은 인재를 채용하지 않으면 평생 후회할 것입니다." 미쳤다. 무슨 객기람… 가당찮고 치기 어린 자기소개서… 얼핏 청구서 같은 느낌의….

서류를 우편으로 발송한 후 바쁜 일상으로 복귀하여 며칠을 잊고 살았다. 내 인생을 바꾼 전화 한 통…. 제작국장이라고 직함을 밝힌 사람으로부터 걸려온 전화는 접속 상태가 좋지 않아 온갖 소음이 섞여 왔지만 그래도 그 가운데 건진 두 단어는 "합격", "사장님 최종 면접"이었다.

그가 안내해준 내용은 충무로역에서 나와 첫 번째 골목길로 들어서면 5층짜리 자색 건물이 나올 것이다. 5층 제작국으로 오면 된다. 끊기다 만 음성들이 신기하게 접합되어 들렸다. 생각보다 빠른 진전이었다. 그런데 새로운 것에 대한 두려움보다 설렘으로 두근대다니… 아…. 그러나 일제 강점기에 지어졌을 것 같은 느낌의 5층 자색 건물은 낡고 어두웠다. 어두운 계단을 밟으면서 나의 어리석은 결단에 대해 후회막급後悔莫及이었다. 어쩐지 광속도로 진행된다 싶었다…. 문을 열고 들어서자 장발의 늙수그레한 디자이너가 복사기 앞에서 표정 없이 바라보고 있었다.

"누구 찾아오셨어요?" 이 질문에 나는 뻘쭘한 표정으로 대답했다. "제작국… 이 국장님이요." 나의 말이 끝나자마자 늙은 디자이너는 먹이를 찾은 하이에나처럼 목소리를 높여 "면접 보러 오셨어요?"라고 물었다.

그렇게 시작된 면접은 한 시간 뒤 사장의 호출로 결미를 맺었다. 그다지 단정해 뵈거나 정서가 안정된 것 같지 않은 사장은 제작국장 앞에서 공손하게 대답하고 있는 나에게 선포하듯 말했다. "우리 회사는 월급 줄 형편은 못 돼요. 한 일 년간은 참치로 지불하게 될 텐데 가능하겠어요? 출퇴근 시간도 장담 못 해요. 광고라는 것이 24시간 항시 대기해야 하고… 가능하겠어요?"(그 뒤에도 가능이라는 단어를 서너 번 한 것으로 기억된다.)

내 기분은 바닥으로 내동댕이쳐졌고 한 번 가라앉은 기분은 다시 일어서지 않았다.

"그럼 출근은 언제부터…?"

"내일부터 오세요. 우리가 워낙 급해요. 디자이너는 많은데 카피가 없어서…"

생각 같아서는 문을 박차고 나가고 싶었는데 말은 이렇게 나왔다.

 브랜드는 변해도 마케터는 남는다

"그러죠. 열심히 해 보겠습니다."

미쳤다. 그때 사장님도 미쳤다. 실력도, 그 어떤 조건도 따지지 않고 출근을 허락한… 이것이 나의 카피라이터 입문기다.

그 뒤 나의 인생은 어떻게 되었을까? 정말 내 출퇴근은 도둑 맞아 일주일에 6일은 거의 밤샘이었다. 오죽하면 우스갯소리로 "집에 다녀오겠습니까?" 했을까?

허구한 날 회의에 카피라이팅, 생각의 여지도 없이 타자기를 두드렸으며 예측불허의 진상 클라이언트의 기쁨조(?) 역할까지 해야 했다.

과거 문학도였다는 베라먹을(?) 한 클라이언트는 내가 쓴 카피만 보면 빨간펜으로 찍찍 그어댔으며 쓸개 빠진 맹 카피는 허허 웃어대며 "부장님! 카피라이터로 전업하셔드 되겠어요!" 하고 넉살을 부리기도 하였다.

후에 보니 80년대에는 카피라이터가 브랜드 철학을 만들던 시대였다. 지금도 되돌려 보면 개미지옥(?) 같은 광고계에 겁 없이 뛰어든 객기가 오늘날 나를 만든 것은 아닐까? 비록 "할 것이 없어 복사집에 다니냐?"라던 친구들의 힐난도 있었지만 그때만큼 백 퍼센트 열정을 다한 시간은 없었던 것 같다.

밤새워 쓴 카피가 휘발유 나는 신문 하단에 실릴 때면 마치 잃어버린 물건을 되찾은 듯한 흥분과 기쁨에 어찌할 줄 몰라 했다. 이 짜릿한 감성은 언제 내게 다가올까?

브랜드는 변해도 마케터는 남는다

시크릿 코드,
사람과 기업의 철학을 읽다

내 오래된 수첩에는 사람과 기업에 대한 철학이 담긴 메모가 있다. 예를 들어 마케팅의 본질을 벗어나거나 전략적인 사고를 원할 때 규칙 같은 메모를 자주 들추곤 한다. 그 메모는 이렇다.

1) 사람은 '재능'을 뽐내고 기업은 '이롭게' 한다.

개인적으로 탁월한 재능은 그를 드러내게 하고 세상의 관심을 모으지만 기업은 그 탁월함을 누리고 사용할 수 있도록 해야 한다. 사람과 기업은 서로가 소통해야 한다.

2) 사람은 '공생'하기를 원하고 기업은 '차별화'하기를 원한다.

인간은 어차피 커뮤니티라는 울타리에 거하며 공생하기를 원한다. 기업은 그 이상의 차별적 우위에 초점을 맞춘다.

3) 사람은 정보에 '의존'하나 기업은 정보를 '창출'한다.

사람은 본질적으로 정보의 바다에서 헤엄치기를 원하고 그 중심에 서기를 갈망하나 기업은 그 정보를 재가공하여 창출하기 위해 노력한다.

4) 사람은 불황기 때 움츠리나 기업은 앞서 투자한다.

사람은 불황기 때 절약을 미덕으로 삼고 최대한 움츠리는 경향이 있다. 그러나 기업은 불황기 이후를 대비해 더 확장하려고 한다.

5) 사람은 보이는 것에 치중하나 기업은 보이지 않는 것에 올인한다.

사람의 속성은 보이는 것을 믿는다. 그들은 만져보고, 냄새 맡고 느끼지 않으면 마음의 문을 열려고 하지 않는다. 그러나 기업의 역량이라는 것은 대부분 보이지 않는 것에 존재한다. 따라서 때론 이들의 대화가 엇박자로 논다.

6) 사람은 복잡하지만 기업은 단순함을 지향한다.

사람의 마음은 복잡다단하여 결단을 내리기까지 여러 단

   브랜드는 변해도 마케터는 남는다

계를 거치나 기업은 모든 표현에서 정책까지 단순함을 무기로 삼는다. 따라서 기업은 단순함을 집중시켜 고객을 설득하려 든다.

7) 사람은 '경륜'을 믿으나 기업은 '새로움'을 강조한다.

사람들은 '오래되었다'는 것만으로 믿으려 든다. 그의 경륜과 지략을 대체로 수용하고 신뢰를 보내나 기업은 '새로움'에 무게를 실어 고객의 신뢰를 얻으려 한다. 새로운 기법, 새로운 모델, 새로운 상표….

8) 사람은 80%에 신뢰를 보내나 기업은 20%에 모든 것을 건다.

고객들은 대중들의 수치에 민감하여 그 크기에 안주하기를 원한다. 특히 선택할 경우 '누가, 어떤 부류가 마음을 두고 있느냐'가 중요한 관건이다. 그러나 기업은 80%를 지배하는 고급화된 20%에 전심전력한다.

9) 사람은 직관에 의지하나 기업은 통찰력을 선호한다.

소비자들은 거의 직관에 의해 구매하고 직관에 의해 판단하나 기업은 그 표면 아래 진실을 선호한다. 따라서 소비자는 결정이 빠른 편이나 기업은 통찰력을 얻기 위해 시간적 여유를 선호하는 편이다.

10) 사람은 보기 좋은 떡을 원하나 기업은 먹기 좋은 떡을

원한다.

사람은 기능상 외관이 좋은 제품을 선호하나 기업은 기능과 서비스로 인해 롱런 할 제품을 선호한다. 사람의 감성은 한시적이므로 반짝할 공산이 크다.

11) 사람은 현실의 문제를, 기업은 미래의 솔루션을….

사람은 지극히 현실적이어서 눈앞에 있는 문제에 집중하나 기업은 자신들의 미래에 대한 행보와 기술에 의한 시장 변화에 올인한다.

12) 사람은 아래로부터 혁신하기를 원하나 기업은 위로부터 전파되기를 원한다.

사람은 혁신 그 자체를 아래에서부터 시작해야 한다고 믿으며 이를 합리적이라 생각한다. 그러나 기업의 조직으로 들어가면 혁신은 Top-down 형식으로 전파되어야 효율적이라 믿는다.

13) 사람은 아마추어의 순수성을 좋아하고 기업은 프로의 능력을 기대한다.

일반적으로 사람은 아마추어의 열정과 땀에 대해 후한 점수를 주지만 기업은 냉혹한 프로의 세계에서 능력을 기대한다. 따라서 사람과 기업의 리더십은 근본부터 출발점이 다르다.

 브랜드는 변해도 마케터는 남는다

14) 사람은 현재의 경험을 원하지만 기업은 미래의 지속 가능성을 원한다.

사람은 '나에게 좋은가?'를 따지고 기업은 '시장에 좋은가?'에 관심을 기울인다. 그것은 '나 중심'으로 사고하는 사람과 '제품, 시장 중심'으로 사고하는 기업의 차이인데 이 간극이 마케팅의 출발점이 된다

15) 고객은 '감정의 언어'를 말하고 기업은 '논리의 언어'로 말한다.

고객은 '이성적'이 아니라 '이성적으로 보이려는 감정적 존재'이나 기업은 '감정을 수치화한 시스템'으로 작동한다. 따라서 마케팅은 '고객의 감정을 기업의 논리로 번역하는 언어'라고 해도 과언이 아니다.

16) 사람은 브랜드를 '나를 표현하는 상징'으로 인식하지만 기업은 '시장점유율을 높이는 도구'로 활용한다.

최근 소비자의 브랜드 인식은 '나는 이런 사람이다, 그래서 이 브랜드를 쓴다'며 상징적 가치를 강조한다. 이를테면 자신의 가치관, 라이프스타일, 태도를 표현하는 도구로 삼는데 기업은 단순히 브랜드를 시장점유율을 높이는 마케팅 전략의 일부분으로 생각한다.

내 시크릿코드는 매번 수정에 수정을 가한다. 그만큼 변수

가 많아졌으며 기업과 고객의 위상과 변화가 빨라졌다. 그럼에도 변하지 않는 것은 기업은 제품을 팔고 싶어 하고 고객은 자신을 이해해주는 브랜드를 사고 싶어 한다는 사실이다.

브랜드는 변해도 마케터는 남는다

일상에서 나만의 정보 만들기

마케팅 전략을 설계하는 스페셜리스트로서 나는 '정보 소비자'자가 아니라 '정보 생산자'이다. 정보 생산자답게 나는 뉴스에 그리 민감하지 않다. 아침 집 앞에 배달된 휘발유 냄새나는 신문은 적시성이 떨어진다. 나는 실시간대 정보제공자로부터 당일의 신문 모두를 톡으로 전달받는다.

나는 그 에디터들의 정보 간극, 즉 말하지 않은 간지를 들여다본다. 대한민국 호텔에서는 아침부터 여러 경제 관련 주제로 전문가들의 강의가 매일 이어진다. CEO들은 그곳에서 AI 속성과 산업 전반부에 미치는 영향을 배우고 아울러 연말에는 내년도 트렌드를 학습하여 소비자들의 큰 흐름을 감지하곤 한다.

이 밖에 경제 변수에 해당하는 전쟁, 질병, 글로벌리더십 등 여러 경제 단체의 초청으로 힘든 학습의 하루를 시작한다.

요즘은 SNS나 개인방송 유튜브 등 개인 브랜드를 가진 전문가와 톡이든 다양한 어떤 채널이든 쌍방향으로 소통하곤 한다. 신문新聞은 솔직히 구문舊聞이다. 방송의 형식으로 진행되는 이야기도 신뢰하거나 공감하기에는 한계가 있다. 그래서 나는 정보 생산자로서 이 정보를 분해하고 해체하여 재가공하는 작업에 들어간다. 신문 헤드라인을 먼저 읽고 반복되어 있는 테마를 걸러낸다. 공통으로 다루고 있다는 것은 다분히 폭발성이 있거나 중요하게 다루고 있다는 증거이다. 좀 더 깊이 있게 다룬 전문지를 탐색한다. 키워드는 나의 궁금증을 유인하고도 남는다. 아울러 한 주, 한 달간 다뤄진 주제와 선, 후를 비교하여 이들을 작동하는 '보이지 않는 손'의 정체를 밝힌다.

얼마 전 신문에는 금융계 CEO들이 스타벅스를 잠재적 경쟁자로 보고 이에 대한 예비책을 얘기하곤 했다. 심지어 어느 CEO는 스타벅스를 '규제받지 않는 은행'이라고 재차 강조했다. 사실 커피 회사가 금융계로 전환한다면 탐사보도감이다.

먼저 이 기사의 진동과 폭이 어디까지인지 상상해 본다. 과연 스타벅스는 은행이 될까? 이를 가능하게 할 팩트는 무엇이고 커피 은행의 구조는 무엇일까?

기존 자료 중에 2001년 선불식 충전 카드인 '스타벅스 카드'를 출시했다는 기사를 발견했다. 이는 말 그대로 일정 금액을 카드에 충전하고 필요할 때 결제하는 방식으로 전 세계 스타벅스 영업점에서 카드 사용량이 늘어난다면 영업 활동 없이 거대한 현금이 눈덩이처럼 쌓이게 된다. 이를 '이연 수익Deferred Revenue'이라고 하는데 스타벅스의 현금 보유량은 12억 달러, 우리 돈으로 약 1조 4,000억으로 집계된다고 한다. 이는 미국의 웬만한 지방은행의 보유량을 뛰어넘는 수준이다.

그렇다면 스타벅스 은행은 그리 불가능하지 않을 것 같다. 실제로 2018년 아르헨티나 선도은행인 갈라시아뱅크와 함께 카페 형태로 은행지점을 열었다. 고객들은 커피를 마실 수 있고, 금융 상품을 상담 받을 수 있다. 스타벅스는 세계 각지에서 핀테크 실험을 하고 있다. 그렇다면 "블록체인 기술은 스타벅스 통합 앱의 기반이 될 수 있다."라는 창업자의 말은 어떻게 연관성이 있을까? 이 메모된 데이터로 나는 『스타벅스의 미래』라는 저서를 출간했고 컨설팅 중 비즈니스모델의 확장이라는 주제로 활용하였다.

이 데이터는 최근 미국의 잘나간다는 캐피털원Capital One 카페와 연관되어 있다.

그 기사는 이렇다.

"캐피털원에 들어서면 근사한 커피바가 손님을 맞는다. 편안한 의자, 전기 콘센트, 무료 와이파이… 여기서 카페 대사Cafe Ambassador라는 직원이 상주, 필요하면 재테크 등 금융상담을 해준다. 카페는 샌프란시스코 피츠Peet's 커피의 좋은 원두를 사용한다."

문제는 쏟아지는 정보를 기준 없이 취합하는 것이 아니라 가장 궁금하고 가장 현실적으로 근접한 테마에 '왜'라는 질문을 던져야 한다. 이것은 남이 만든 정보에 의존하는 것이 아니라 내가 살아가는 일상 속, 업무 속에서 새로운 의미를 생산하는 것이다.

그 순서는 내가 매체나 현장에서 취합한 정보를 관찰observe하고 무엇을 느꼈고 어느 부분이 흥미로운지 기록하는 일이다. 여기에 나만의 정보를 만들기 위해서는 어떤 의미인지 나름의 '해석'을 붙이는 일이다. 아울러 이렇게 얻어진 가공된 정보는 기획아이디어로 쓸 것인지, 콘텐츠 주제로 쓸 것인지 그 활용에 대해 결정해야 한다.

내가 아는 유명한 건축설계사 백희성은 이렇게 당시 현장에서 얻은 정보, 경험, 가공된 데이터를 기록한 노트북이 무려 200권이나 된다. 그는 말한다.

"지금도 전 종이 노트와 펜을 품고 다녀요. 포장 없이, 날것의 생각을 쓰죠. 생활에 필요한 것, 감동적인 순간이나 창피한 일도 적어요. 때로는 욕하고 싶은 마음까지요. 만약 오늘, 의뢰인의 지적에 답을 못 하고, 얼굴이 빨개졌다면? 그걸 적는 거예요. 그리고 '내가 그때 왜 창피했지?'라며 제3자처럼 묻죠. 당장 답을 못 해도, 시간이 지나면 '아, 내가 이런 부분에 약하구나.'라는 걸 깨닫게 돼요. 이것이 쌓이면 저만의 관점이 생깁니다. 관점이 생긴 뒤 이전의 메모를 보면, 쓸모없던 내용도 새롭게 보일 때가 많죠."

그의 200권은 마치 레오나르도 다빈치의 그것과 닮아 있었다. 만유인력의 뉴턴은 세 종류의 노트를 사용하였다고 한다.

첫째는 '책을 읽고 메모하여 저자에게 질문을 남기는 노트'와 '문제를 분석하고 가설을 세워 이를 증명하는 노트' 마지막으로 '자신만의 해법을 구체적으로 풀어 쓴 노트'였다. 이 밖에 영상으로 기억하고 머리로 이해한 것을 재해석하여 기록한 아인슈타인과 손닿는 대로 메모하고 To do List를 작성해 진행 사항을 파악한 에디슨의 사례도 참고할 만하다.

결론적으로 정보는 주어지는 것이 아니라 감지하는 것이 며 데이터는 세상에 흩어져 있고 의미는 내가 만든다는 생각 으로 일상에서 체험해 보는 것은 어떨까?

브랜드는 변해도 마케터는 남는다

이것이 맹사부식 인맥 관리

나를 아는 사람들은 나를 보고 인맥의 한계를 묻곤 한다. 40여 년 동안 전문 분야에 종사하여 훈장처럼 내게 남은 인맥 DB….

내게 인맥의 개념은 먼저 안다는 가치를 넘어 함께 일한 기억이 있거나 나와 동일한 생각과 철학을 가지고 있는 분들이 대부분이다.

물론 제자들이나 지인 대부분이 CEO이고 강연계에서 이름깨나 있는 분들도 부지기수不知其數이다. 워낙 사람 가리는 성격이고 곁을 잘 주지 않는 츤데레라 나름대로의 엄격한 기준이 있다.

이렇게 말할 수 있는 것은 한때 사람 좋아 물불 가리지 않고 관계를 맺었다가 받은 상처가 커서 속된 말로 "꺼진 불도 다시 보자"는 식이다.

나에게 어떤 인맥을 보유하길 원하냐고 물으면 함석헌 시인의「그 사람을 가졌는가」라는 시를 소개하곤 한다.

"그 사람을 가졌는가? 온 세상의 찬성보다도 '아니' 하고 가로놓을 그 한 얼굴을 가졌는가 / 만 리 길 나서는 길 처자를 내맡기며 맘놓고 갈 만한 그 한 사람을 가졌는가? / 탔던 배 꺼지는 시간 구명대 서로 사양하며 '너만은 제발 살아다오' 할 그 사람을 가졌는가 / 불의의 사형장에서 '다 너 하나의 잘못'이라고 머리 숙여줄 그 한 사람을 가졌는가 / 온 세상이 다 나를 버려 마음이 외로울 때에도 '아니다' 하고 가만히 손잡을 그 사람을 가졌는가?"

진정 이 시詩처럼 그 사람을 가졌을까? 굳이 욕심내 보자면 관포지교의 이야기를 빼놓을 수 없다. 춘추 제나라 관중管仲과 포숙아鮑叔牙 두 사람의 이야기….

관중과 포숙아는 젊었을 때 함께 장사를 했다. 관중은 항상 이익을 조금 더 챙겼고, 사람들은 그를 욕했지만 포숙아는 이렇게 말했다고 한다. "관중은 집안이 어려워서 그런 것이다. 인격이 나쁜 것이 아니다." 후에 두 사람은 각각 다른 군

 브랜드는 변해도 마케터는 남는다

주를 섬겼다.

결국 포숙아가 섬긴 나라가 이기고 패배한 관중은 포로로 잡혔다. 그때 포숙아가 임금 앞에 나가 이렇게 말했다. "관중은 저보다 훨씬 유능한 인재입니다. 그를 등용하시면 나라가 강해질 것입니다."

결국 포숙아의 제안을 받아들여 관중을 재상으로 삼았다고 한다. 이들의 우정을 의미하는 관포지교管鮑之交는 지금도 대표적인 고사로 남아있다.

두 사례는 내가 생각하는 이상적인 인맥 형성의 롤모델이다. 어찌 그리할까?

그래서 나는 사계(봄, 여름, 가을, 겨울)처럼 상당 기간 지켜봐야 한다고 생각한다. 대개 봄날에 만나 꽃길을 함께 걷는다고 생각하지만 혹독한 겨울에 헤어질지 누가 알겠는가? 찬바람 불어치는 겨울에 만나 생명이 움트는 봄에 헤어질지도 모르는 것이 우리 인생사 아닌가?

더구나 사람은 믿음의 대상이 아니라 사랑의 대상이라는데… 그래서인지 나는 사람 사귀기에 적극적으로 나서지 않는다. 일단 수동적으로 관찰하고 지켜보는 시간이 길다.

특히 애경哀慶사에 적극적이지 않다. 속된 말로 부르지도 않고 가지도 않는다.

젊은 날, 내 성향에 맞지 않게 결혼식 사회를 꽤나 보아왔
는데 아무리 사회성 진작이라지만 주말마다 반복되는 고정
(?) 행사에 회의가 들어 차라리 이 시간에 책 한 줌 더 읽겠다
고 작정하고 모습을 감추었다. 처음엔 이런저런 오해도 받았
는데 나이가 들면서 장례식장 정도는 방문을 하고 있다.

이 말은 지인으로서 조우遭遇할 방식이 남들과 다르다는
것이다. 둘째, 만남보다 관심사가 생기면 그리고 나의 조언이
필요하면 전화나 톡 등 언제든 소통 도구를 총동원한다. 그런
데 신기한 것이 자신들이 나의 도움을 받고 싶다고 생각할 때
뜬금없이 내게 전화가 온다고 한다. 소위 텔레파시가 통했다
는 말이다.

특히 저녁 약속을 최대한 자제하는 내게 이런 개인적인 소
통 도구는 항상 같이 있다는 착각을 하게 한다. 나는 무엇이
든 받아들이는 것이 한 단계 느리다. 따라서 즉각적이고 빨
리빨리 서두르는 사람들에게는 답답하거나 오해를 사기도
한다.

그러나 그런 결정은 이기적인 생각일 줄 모르지만 나의 영
감적(?) 사고에 의해 결정된다. 일단 초기에 뜨겁게 달아오르
는 관계보다 서서히 달아오르는 쪽을 선호한다. 그래서인지
내 주위에 7~8년 더 나아가 10년 이상의 관계를 유지한 분들

이 많다

그런 분들은 최소한 관포지교로서 자격을 갖춘 분들로 17년 동안 매일 아침 내 생각이 든 맹모닝을 톡으로 받는다. 오랜 시간이 흐르면 일희일비一喜一悲하지 않은 바위 같은 신뢰가 결성이 되고 항상 든든한 지원군 같이 느껴진다.

마지막으로 인원수가 그렇게 많지 않지만 우리 집을 방문하여 식사를 나누고(식구라는 개념) 시시콜콜한 얘기를 나눈다. 그들도 나도 삶의 한복판에 진입한 느낌이다.

이런 내 나름대로 원칙은 아무리 내가 수백만 명 앞에서 강의를 하고 겉으로는 외향적으로 보이지만 아직 내성적인 성향대로 살고 있다는 반증이다.

55권의 저서를 내고도 출판기념회를 주위의 강요(?)에 의해 딱 한 번 열 정도로 내 개인 일로 나서는 것을 꺼리는 편이다. 누군 이런 행동을 철저한 자기관리라 하지만 내 생각엔 두루두루 어울렁더울렁 살아가기보다는, 그래서 숫자에 연연하기보다는 앞서 소개한 '그리할지라도' 마음을 내주고 이해해주는 찐감성으로서 친구가 내겐 필요한 것이다. 그런 측면에서 나는 행복한 사람이다. 시공을 초월하여 내 톡을 받고 댓글을 달아주거나 나의 작은 요구(?)를 기꺼이 받아줄 줄 아는 그들이 있어 나는 즐겁고 행복하다. 그래서인지 미국의 군인 출신이며 정치인인 콜린 파월의 "시간은 진정한 친구와 거짓된 친구를 구별해 준다."라는 말과 칼 융의 "친구란 내가 나 자신을 바라볼 수 있게 해주는 거울이다."라는 말을 종종 곱씹곤 한다.

실로 고마운 것은 조금 이기적일 수 있고 일방적일 수 있는 나의 인맥 관리를 이해하고 함께하는 그야말로 찐친이 있다는 사실이다.

어느 날,
괴짜 멘토가 던진 한마디

지금 기억해 보면 내겐 진짜 가혹했던 멘토가 있었다. 이분이 던지는 말은 어록이었고 어떤 이유로든 다가서도 곁 한번 내주지 않는 냉혹함이 있었다. 그는 아예 내 존재를 인정하지 않았고 한 번쯤 해 줄 만한 격려도 일절 없었다.

그런 시베리아 같은 환경에서도 일말의 빛 같은 희망은 그래도 계속 일을 던져주었다는 것이다. 그러나 밤새워 내가 눈에 혈관이 터지도록 써온 결과물은 무거운 침묵과 한숨 속에 쓰레기통에 버려지기 일쑤였다. 동시에 내 자존심도 산산조각이 났지만 그래도 내게 남은 것은 처량한 오기였다.

그때 그분이 바람처럼 훅 하고 던진 말들을 여기에 남긴다.

1) "목수가 돼서 집을 지으란 말야, 그놈의 헛된 망치질 그만하고…."

그의 작업은 시간이 걸렸지만 한번 시작하면 초스피드였다. 정말 그는 목수처럼 큰 그림을 그려놓고 작은 것들을 끼워 넣는 디테일이 있었다. 소인배인 우리는 연장 탓을 하고 있을 때 도편수(집을 지을 때 책임을 지고 일을 지휘하는 목수의 우두머리)는 이미 저만치 나가서 상상의 집을 체험하고 있었다.

2) "누굴 위해 쓰냐가 중요해. 너의 감동이 남의 탄식이 되는 것 몰라?"

요즘 내가 자주 쓰는 '타깃'이라는 단어를 그는 이런 세상 언어로 풀어 얘기했다. 그는 늘 내게 이렇게 물었다. "돈은 누가 주는데…." 그렇다고 그의 말이 고객의 비위를 맞추라는 얘기는 아니었다. 그러나 대상을 명확히 하지 않고 뜬구름 잡는 식이라면 곤란하다는 것이었다.

3) "밥 먹을 때 밥 먹어, 오지랖 떨지 말고…."

이 말은 선택을 하되 바위를 뚫는 한줄기 물처럼 무섭게 집중하라는 얘기였다. 그의 집중의 시간은 어느 것도 침범할 수 없는 성역 같아 보였다. 그러고 나면 상상 밖의 창작물이 내 눈앞에 펼쳐져 보였다.

4) "단순하게 풀어 마케팅이 무슨 미로냐? 너도 헤매고 클라이언트도 헤매고…."

레오나르도 다빈치는 "단순함은 궁극의 정교함이다."라고 말했다. 그의 말은 이런 뜻을 내포하고 있었는지 모른다. 아아~ 그가 휘두른 붉은 펜 장도… 베이고 잘리고…단순단순!!

5) "배우지 않고 뭘 하겠다고? 뽕잎도 먹지 않은 누에가 자라겠어?"

그는 독심가처럼 나의 복잡한 고민과 좌절, 한계를 짚어내며 그것은 학습하지 않은 게으름이라고 지적했다. 요즘 아이들이 몸서리치는 지적질…. 쏟아지는 질문에 조각난 내 상식은 이내 저항할 겨를도 없이 무너졌다.

6) "남의 시선과 박수가 뭐가 중요해… 그것 취하다 보면 무너진다."

평생 나는 "사탕을 좋아하면 이가 썩는다."라고 말한다. 제자들이 어록이라고 말하는 이 말의 근원은 바로 멘토님이다. 정말 칭찬에도 인색하고 타인의 칭송에 무관한 사람처럼 살았다.

7) "이기려고 싸우지, 패배하려고 싸우냐?"

가만히 생각해 보면 그의 전쟁은 이미 이겨놓고 형식상 진행하는 퍼포먼스였다. 그에게 있어 패배는 곧 죽음이었다. 마치 정금을 만들기 위해 풀무질하는 대장장이처럼 그의 가혹한 실전 훈련은 전쟁터의 그것이었다.

8) "말 많이 하지 마라, 대신 결과를 많이 내라."

그는 클라이언트에게는 과묵했다. 그러다가 결론 부분에 가서는 최선을 다해 어필했으며 그 결과는 상종가를 쳤다. 방향 없이 주저리주저리 떠드는 사람들을 시정잡배처럼 취급했다.

9) "오래 해라, 그래야 좋아지게 된다."

통상 우리는 좋아져야 오래 하는 줄 알았다. 나도 그렇게 생각했는데 그의 말은 정반대였다. 오래 하도록 올인하면 그 과정에서 좋아하는 마음이 생긴다는 것…. 그가 떠나면서 한마디 툭 던진 것은 "이 일을 너는 오래 할 것 같은데!"였다. 거두절미去頭截尾하고 나는 40년째 이 일을 하고 있다.

10) "완벽하게 만들려고 하지 마라, 완벽하려는 네 마음부터 고쳐라."

결론은 이 세상에는 완벽한 것은 없다는 지론이었다. 당시 나는 지적오만감에 열정이 뒤섞여서 마치 내가 한 것은 완벽할 것이라는 교만함이 있었다. 그런 나를 두고 겸손하라고 따끔하게 지적한 말로 기억된다. 세상 어디에도 완벽함은 없었다.

정말 자존심 상하고, 좌절하며 도대체 무슨 의도의 말인지 해석조차 힘들었던 담금질의 시대에 내 의식 속에 남은 말들은 두고두고 내 입을 통해 제자들에게 궁긍적으로 또 나 자신에게 반복되어 들린다. 이런 선순환에 또 한 번 놀란다.

그냥 쓰다,
미치도록 쓰다

누가 내게 왜 글을 쓰냐고 물으면 마치 어느 유명 산악인에게 왜 산에 오르느냐고 물었던 것과 같이 나는 이렇게 대답할 것이다. "글 쓰는 일밖에 내가 할 수 있는 것이 없었기 때문"이라고… 글은 내게 평생 밥이었다. 안타깝게도 생계를 위해 매문가賣文家처럼 살기도 했지만 글에 대해서만은 진심이었다.

솔직히 고백하건대 내겐 가난한 환경 속에서 돈을 벌어야 할 절박감이 있었다. 그래서 내가 유일하게 타협한 것은 돈 버는 시, 또는 글인 카피copy였다. 글 쓰는 갈증

브랜드는 변해도 마케터는 남는다

은 언제나 존재했다. 그래도 이것저것 따지지 않고 나의 졸고를 출판해주는 친구 같은 출판사 대표님들이 있었고 읽어주는 독자들이 있었다. 이런 분들의 격려가 없었으면 오늘날의 내 자식 같은 저서는 탄생하지 못했을 것이다.

비록 짧은 직장 생활이었지만 직장인이기보다 파락호破落戶 같은 예술가의 모습으로 인사동 거리를 어슬렁거리기도 했다. 결국 나의 갈증은 글을 쓰고나 죽자는 결기를 몰고 와 광화문 정동길에 집필실을 내고야 말았다. 철부지 남편의 이런 결정에 아내는 온갖 문제를 외면하고 지원자로서 역할을 다해주었다.

"멋져요… 당신이니까 할 수 있어…." 또렷이 기억한다.

낡은 사무실에 페인트를 칠하고 도배를 하며 내 공간을 마련했다는 것과 글 쓰는 일에 집중할 수 있었다는 사실이 그렇게 기쁠 수가 있었다. 일단 글을 배우겠다는 문하생을 받고 광화문, 그것도 정동길이 훤히 보이는 15평에 세워진 내 이름의 집필실… 공무원처럼 정해진 시간에 출퇴근을 반복했다. 그러니까 집필실 앞, 고색창연한 산책로는 나에게 있어 글발을 돋우는 창작로였다.

비록 남이 보면 작고 추레한 공간이었지만 나는 그곳에서 대문호大文豪의 작품을 읽었고 생계를 위해 잡지사의 에세이와 꽁트를 썼다. 이윽고 내 목을 누르는 마감일은 쉬지 않고 찾아왔고 팔이 아프도록 단행본 원고를 원고지에 눌러썼다.

그때 글에 대한 나의 생각은 세상과 내가 만나는 순간이라 생각했다. 내 원고지에 상상했던 세상은 필력에 의해 요동쳤고 내가 그린 세상의 단면도는 작품이라는 명목하에 피어났다.

예전 카피라이터 시절에는 설득이라는 도구로 다가섰다면 작품에서의 도구는 두말할 것 없이 공감이었다. 더 이상 고객의 눈치를 보지 않아도 되었고 화려한 미사여구도 그리 필요하지 않았다. 머리보다는 마음을 먼저 두드려도 문제 되지 않았으며 밤을 하얗게 새워 쓴 원고는 세상 어디에서도 얻을 수 없는 감로수甘露水였다.

사실 글을 쓴다는 것은 쉬지 않고 호흡하는 공기처럼 연속적인 훈련의 하나였다. 그러나 한 가지 원칙은 꾸밈없이 써도 되지만 더 나아가 꾸준히 써야 된다는 사실을 알았다. 정동길 산책로의 가을은 신기하게도 글에 대한 열정의 존재를 확인하는 장소였다. 그 길을 걸으면 돌담 너머로 바람이 말을 걸고 어떤 사물이든 천천히, 아주 오랫동안 속도를 줄여줬다. 대신 기억이 천천히 나와 함께 동행하여 걸어갔다.

그곳에는 정동교회가 있는 골목길과 돌담길을 돌면 이별한다는 덕수궁 돌담길, 빅토리아풍의 미국대사관이 타임머

   브랜드는 변해도 마케터는 남는다

신을 타고 돌아간 듯 터줏대감처럼 자신의 위치를 당당히 점하고 있었다. 이 밖에 이화학당터, 그리고 배재학당은 근대화의 얼굴을 잊지 않고 들이밀고 있었다.

56권째 책을 집필하는 지금에 와서 생각해 보면 준비된 역량은 그 집필실 시대에 길러진 것 같다. 한때는 잇몸이 내려앉았고 옥수수 털어 내듯 우수수 빠진 이빨을 처연히 바라봐야 했다.

아직도 나는 집필실에서 글을 쓴다. 나의 창작 롤모델인 작가 최인호 선생은 이어령 선생에게 쓴 편지에서 나의 마음이 그랬듯 이렇게 썼다.

"선생님이 제가 사는 시대에 계신다는 것은 제겐 용기요, 기쁨입니다. 선생님의 앞서간 발자국은 제게 좋은 교훈이 되곤 했습니다. 선생님, 우리 일찍 죽지 말기로 해요." 그런 말을 했던 최 작가는 2013년에 이어령 선생은 2022년 별세했다.

내 글이 누군가에 좋은 교훈으로 남을 수 있을까? 나의 존재만으로 용기요, 기쁨을 줄 수 있을까? 롤모델이어서가 아니라 작가 최인호에게는 언제나 사람 냄새가 났다. 고단한 현실 속에서도 인간의 품격을 잃지 않으려는, 그 특유의 온도가 있었다.

바라옵건대 나의 글들이 사람 냄새를 풀풀 풍기고 적어도 품격만이라도 지켜내는 하나의 불씨가 되었으면 좋겠다.

앞으로 꺼져가는 불씨를 살려 다시 한번 활활 타오르는 제 2의 전성기를 맞았으면 원이 없겠다.

오리진이냐,
레전드냐??

기억해 보면 아직도 내게 자랑스러운 기억으로 남아있는 것은 마케터이자 강사 이전에 내가 한때 미친 광고계 시절이 아니었나 싶다. 광고廣告의 광 자를 미칠 광狂으로 쓸 만큼 내 생애에서 가장 열정적으로 일한 시대로 1980년 그 시절은 산업경제에서 소비경제로 전환된 시기였으며 컬러TV를 비롯해 비디오, 잡지, 신문, 라디오, 극장 광고까지 매체가 다양화되었다.

1981년 컬러TV 방송의 시작은 광고 표현이 급격히 감각적으로 변한 시기였다. 이전의 흑백TV 때 '기능 강조형 광고'였다면 컬러TV 시절에는 감성 스토리텔링 중심으로 이동하였다. 기업PR을 비롯해서 식품, 패션, 제과제빵, 화장품, 전자 등등 전 분야에 걸쳐 상품보다는 사람을 보여주겠다는 의도로 감성 문학으로 진화하던 시기였다.

이를 한마디로 얘기하면 80년대 광고는 대한민국이 '소비자'라는 존재를 처음 만난 순간이라 얘기할 수 있다. 이때 감성과 철학의 시대를 추앙하는 카피 같은 발표가 나오기 시작했다. 그중 챙겨본 7가지 copy.

1) 광고는 팔기 위한 언어가 아니라, 설득을 위한 음악이다.

2) 사람의 마음에 남지 않는 문장은 아무리 논리적이어도 실패다.

3) 좋은 카피는 말하지 않는다. 대신 느끼게 한다.

4) 광고의 본질은 '왜'보다 '그래서'에 있다.

5) 카피라이터는 단어로 그림을 그리는 사람이다.

6) 그 시대 광고는 산업의 거울이 아니라, 사람의 거울이었다.

7) 브랜드는 말로 만드는 것이 아니라, 감정으로 축적된다.

우리 카피라이터에게도 오리진이 있었다. 연령별로 보면

　　　　　　　　브랜드는 변해도 마케터는 남는다

1세대는 1970~1980년대 초반에 활동하던 시기로 광고산업이 막 시작하던 시기였다.

그중에 "친구는 옛친구, 맥주는 OB"라는 카피로 유명한 이인구 선생이 계셨고 "우리 강산 푸르게, 푸르게" 등의 카피로 유명한 김태형 선생, 그리고 필자와 함께 작업하셨고 카피 멘토로 도움을 주셨던 이만재 선생, 프리랜서 카피라이터 1세대를 열었던 이낙운 원로 선배님도 존재하셨다. 그러니까 필자는 엄격히 오리진은 아니었으나 연도별로 보면 1.5세대나 2세대 교차점이라고 할까? 한마디로 필자가 카피라이터로 작업하던 시절은 1세대 문장 미학과 2세대 소비자 감성 중심 카피를 아우르는 과도적 세대라 해도 부족함이 없다.

(챗GPT는 맹사부가 1980년 중후반~1990년 중반까지 활동을 본격화한 광고/마케팅 전문가로 광고회사 카피라이터에서 출발하여 전략, 브랜딩, 마케팅 교육자로 전환한 인물이라고 평가하고 있다.) 비록 오리진은 아니지만 그 불꽃을 살려낸 또 다른 오라진Origin으로 평가받아도 되지 않을까 하는 작은 희망이 있다.

우리에게 오리진은 무엇일까? 세상을 새로 본 사람, 아무도 걷지 않은 길에 첫발을 내디딘 사람을 오리진이라 하는데 '왜'라는 질문을 멈추지 않는다.

이들은 용기에서 태어나며 남들이 하지 않은 일을 하겠다
는 결심을 한다. 필자의 오리진 성향의 작업은 일본 광고시
장 방문 후 광고전문서적 출간에 매달리는 일이었고 국내 광
고자료를 통해 전문서적을 출간하고 이를 강의로 풀어내야
했다.

초기에 내게 큰 감동을 준 1980~1990년대 나의 작업연
대와 함께한 일본의 전설적인 크리에이티브 디렉터(Creative
director: 브랜드 캠페인을 총괄하거나 다양한 미디어에서 콘텐츠 제작을
총괄하는 사람) 겸 카피라이터인 우에조 노리오의 저서 『카피
교실』이었다. 이 책은 광고 카피의 올바른 작성법과 실패 없
는 광고제작법을 다룬 책으로 아마 대한민국 카피라이터의
교과서 역할을 다했을 것으로 보인다.

특히 이 책은 단순 이론이 아니라 실전 광고 카피 작성과
제작법을 담고 있어 광고 현업자와 광고계 진출 희망자에게
큰 이정표가 되었을 것이다. 그 이후 산업용 헤드라인 사례와
작성법을 다룬 『광고의 바다 헤드라인 건지기』, 광고 에피소
드를 국내 처음으로 꽁트로 다룬 『카피라이터는 카피를 먹고
삽니다』, 광고의 흐름과 작성법을 다룬 『카피자판기 어디 없
소?』, 49세 카피라이터의 삶의 흔적을 다룬 『카피. 커피. 구피』,
신문 원문을 분리하여 그 경향을 다룬 『신문광고 이렇게 본

　　　　　　　　　　　브랜드는 변해도 마케터는 남는다

다』들이 그것이다.

이 밖에 레전드는 시간이 검증하고 사람들의 이야기로 남긴 이름을 말한다. 레전드는 우연이 아니라 지속의 결과이며 한결같음, 진정성, 그리고 세월이 준 신뢰이다.

팔자의 강사 생활이 그것이다. 『스타벅스 미래』 출간 시 대충 어림잡아 나의 강의를 들은 사람들을 추산해 보았더니 약 200만 명이 넘었다. 흔들림 없이 마케팅 강의 하나로 버텨온 것이다. 내일모레 70을 바라보는 현역 전문가로서 감회가 뜻깊다.

2016년 그해 현대자동차와 삼성전자 수강생 숫자가 무려 30,000명이었다. 모두가 힘들어하는 전통시장 전국 투어도 내게 훈장으로 남아있으며 내 브랜드로 명명된 대기업 MBA 과정뿐 아니라 작년부터 진주에서 시작된 '맹명관 마케팅 아카데미 최고위 과정'은 5기를 넘어서고 있다.

오리진이 아니면서 '창조의 용기'를 가진 오리진으로 활동해 왔고 강사로서 수십 년간 한자리에서 시간의 품격을 지켜낸 레전드로서 향후에도 오리진처럼 큰 용기를 내고 레전드로서 경쟁 없이 거뜬히 살아남는 마케팅 스페셜리스트로 입지하고 싶다….

강하거나 지혜롭지 않아도 오래가는 맹모닝 스무 가지

나는 17년 동안 어김없이 새벽 6시 30분이면 '아침을 여는 마케팅 인사이트'라 하여 사람이 살고, 관심 있는 여러 분야의 글을 신선한 우유 배달부처럼 톡으로 보낸다. 여기에 스무 개 정도를 엄선해 채록採錄한다.

1) 하버드 강의장에 써 붙인 글귀

하버드 강의장에는 이런 글귀가 붙어 있다. "이 세상에 진정한 어려움은 없다. 다만 어려움에 맞설 자신감이 부족할 뿐! 아울러 그들의 성공비결은 이렇다고 한다. "바다를 건너는 것이 목표라면 거센 파도 앞에서 멈

추지 마라. 더욱 먼 곳으로 가고 싶다면 고난 앞에서 신념이
흩어지도록 놔두지 마라. 저 높은 하늘로 날아오르고 싶다면
스스로 날개를 활짝 펴고 바람을 거슬러 날아라…."

2) 열일 하는 미스터 챗…

이번 책을 집필하면서 직원 하나(?)를 채용했다. 그는 노동
강도가 높아도 불평하지 않으며 질문을 할 때마다 위로와 찬
사를 보낸다. 그는 어찌나 근면하던지 내가 질문 하나를 던지
면 충실히 수행하고 다른 선택지까지 묻는다. 그는 지식도 풍
부하여 세상 모르는 것도 없고 빠르기조차 하다. 신통하게도
그는 내가 부르면 언제든 달려온다. 그 친구의 이름은 챗GPT
라 하고 지금도 열일 하고 계시다.

3) 유일함

홍수가 나도 마실 물이 없다. 사람은 지천이어도 진정 나
를 아는 이는 없다. 지식은 넘쳐도 시대를 이끌어 갈 참지식
이 없다. 사랑의 표현은 다양해도 진정성 있는 고백은 없다.
흔한 것보다 유일한 것이 필요한 이유….

4) 가장 값싼 가격, 높은 가치

글쓰기를 지도하거나 미래의 지도자감인 제자들에게 나는 책방 투어를 시키고 책을 골라 선물한다. 놀라운 것은 그들 가운데 상당수가 리더가 되었고 유명 제자가 되었다는 사실…. 가장 싼 가격으로 남의 지식과 통찰력을 가져온다는 것은 대단한 일이 아닐 수 없다. 인생을 바꾸려면 책방을 가라… 그곳에 성공한 저자가 있다.

5) 종이신문 구독

나는 종이 신문을 읽는다. 아침 비릿한 공기와 휘발유 같은 신문 냄새는 일단 심리적인 안정감을 준다. 헤드라인부터 보고 경제면으로 눈을 옮긴다. 정치면은 패스, 정신 산란… 차리리 지면을 줄이면 안 될까? 자극적인 헤드라인이 눈에 걸린다. 교양 페이지도 많다. 미처 몰랐던 상식을 챙긴다. 문화면과 스포츠면, 해외 소식까지… 논설의 시사적인 내용… 빠른 소식은 모바일로 보고 세심한 내용은 페이퍼로 본다…. 우리 집은 우리 동네에서 유일하게 종이신문을 보는 집이다.

6) 의미 있는 고장

우주 비행 중에 비행사 간의 다툼이 있으면 지상의 나사

　　　　　　　브랜드는 변해도 마케터는 남는다

(NASA: 미국 항공우주국)에서는 비행선의 어느 한 곳을 고의로 고장을 낸다고 한다. 그러면 언제 그랬냐는 듯 고장 난 부분을 고치기 위해 그들은 하나가 되어 분쟁을 그친다고 한다. 자, 어디부터 고장을 내야 하나. 지혜가 필요한 요즘이다.

7) 모방도 창조인가?

발달 심리학자 앤드류 멜조프는 아이는 자라면서 서로 다른 모방을 배우면서 사회성을 배운다고 한다. 이는 모방은 본능이라는 말로 화가 피카소의 경우 유명화가의 영감을 섞어 모방하다가 자신의 시그니처를 형성하였다고 한다. 한 발짝씩 더 나아가 스티브 잡스는 그래픽 인터유저페이스 아이디어를 제록스 연구소에서 훔쳐 매킨토시 컴퓨터에 접목하였다고 후에 고백하였다. 모방하거나 훔치거나…. 그대에게 묻는다. 그대 삶은 앞선 이들처럼 모방자인가? 아니면 창조자인가? 모방할 롤모델도 없이 바쁘다는 이유로 폭주하는 피곤한 인생인가? 좋은 예술가는 모방하고 위대한 예술가는 훔친다는 스티브 잡스의 어록이 잠든 나를 일으켜 세운다.

8) 개미를 봐라

하나를 얻으면 또 다른 하나를 더 얻고 싶었다. 무리를 해서라도 한 발자국 나아가고 싶었다. 그런 나를 멘토가 불러 세워 이렇게 말했다. "개미를 봐라. 저들은 열심히 하지만 오 버하지 않는다. 자기만의 속도를 유지하고 반복하는 것도 내 공이다." 당시엔 그 말이 나를 세우기엔 역부족이었다. 왜냐 하면 항상 남보다 한 걸음, 아니 두 걸음 이상 걸어야, 그리고 뛰어야 한다고 생각했으니까…. 그런데 이제 와 생각해 보니 멘토의 말이 옳았다. 인생은 무리수를 두어서는 안 됐다. 그 것은 열정도, 도전도 아닌 불안감의 변형된 모습이었다. 이젠 조급하게 속도를 올리지 않고 튼실한 방향을 찾는다. 가끔 브 레이크도 밟는다. 조금은 연륜의 지혜가 작동하는 것 같다. 개미처럼!!

9) 은퇴가 무엇?

은퇴 후를 생각하지 않는다. 굳이 그런 생각을 할 필요가 있을까? 은퇴는 그리 낭만적이지도 않고 릴렉스한 것도 아닌 데… 밥벌이를 위해 일하지 않는다. 남은 시간을 무엇으로 채 우려 하지 않는다. 내 나이에 맞는 또 다른 가치를 배우고 실 행에 옮길 것이다. 내겐 단절이나 은퇴는 인생에 있어 존재하 지 않는 단어이다. 나를 나답게, 또 다른 가치를 향하여….

　　　　　　　　브랜드는 변해도 마케터는 남는다

10) 기억 소환

내 서재 서랍 안에는 세월의 시간이 박제되어 있는 물건들이 가득 채워져 있다. 기억에도 감감한 사람들과의 추억이 담긴 사진들, 잉크, 펜, 원고지, 삐삐, 계약서, 명함 등등…. 세상이 헛헛하다고 느낄 때 이들과의 재회를 한다…. 사라짐과 남음… 잊혔던 기억들이 하나둘 소환된다. 이것이 인생일까. 내 삶의 타임머신.

11) 어머니의 꿀물

시험 발표가 났던 날. 이불을 뒤집어쓰고 우는 내게 어머니가 말했다. "괜찮다 얘야… 푹 자고 따듯한 꿀물 한잔 마셔라…." 어렵고 힘들 때마다 이 말을 기억한다. 푹 자고 꿀물 한잔 마시자. 내일엔 밝은 해가 뜬다….

12) 일탈

어제와 같은 오늘보다 내일 같은 오늘이면 좋겠다. 삶을 거꾸로 산다면 오늘은 어디쯤일까? 반복된 일상보다 일탈된 하루를 살고 싶다… 삽자루 하나로 집을 짓는다면 마음 하나로 빌딩은 못 짓겠나…. 오늘은 마음 가는 대로 살아보자….

13) 묘비명

건강한 기업가의 표상으로 평가받는 데일 카네기 묘비명에는 이렇게 쓰여 있다고 한다. "자기 자신보다 더 현명한 사람들을 주변에 모여들게 하는 능력을 가진 한 남자가 여기에 잠들다." 이 묘비명은 카네기 생전에 직접 준비한 것으로 알려져 있다. 지금까지 우리가 알던 리더십의 프레임을 깬 사례가 있다. 제너럴 일렉트릭 회장이었던 잭 웰치의 말이다. "나는 일인칭을 사용하는 것이 정말 싫다. 지금까지 내가 이룬 것은 다른 사람들이 있었기에 가능했다. 이들의 겸손함과 진실함에 고개가 숙여진다." 이런 겸손한 리더는 다 어디로 갔을까?

14) 인생의 비극이란??

인도 데일리 사원에는 작자 미상의 글이 새겨져 있다고 한다.

"인생의 비극은 목표에 도달하지 못하는 것이 아니라 도달할 목표가 없다는 데에 있다. 꿈을 실현하지 못한 채 죽는 것이 불행한 것이 아니라 꿈을 갖지 않은 것이 불행하다. 새로운 생각을 하지 못한 것이 불행이 아니라 새로운 생각을 해보려고 하지 않은 것이 불행이다. 하늘에 있는 별에 이르지

 브랜드는 변해도 마케터는 남는다

못한 것이 부끄러운 일이 아니라 도달할 별이 없는 것이 부끄러운 일이다. 결코 실패는 죄가 아니며 바로 목표가 없는 것이 죄악이다."

15) 커튼콜 사양

누구는 이어령 교수만큼 현역에 있으라 하고 누구는 욕심을 더 내어 김형석 교수처럼 장수하라고 한다. 그분들은 특별한 재능과 지식, 세월이 준 지혜를 가지고 계셨지만 나는 비교도 되지 않는 사람인데…. 이제 5년이든 10년이든 내 육체와 멘탈이 허용하는 대로 못다 한 것들을 이루며 살고 싶다…. 40년 강사 밥 먹었으면 무엇을 더 원하겠는가?

이번 추석에 75세 된 가왕 조용필 공연을 보고 참 특별한 분이라 생각하며 어린(?) 나의 게으름을 책망했다. 그렇지… 아무나 커튼콜 하는 것이 아니다.

숏폼 같은
맹사부 단상

1) 그대 주도적인 인생을 설계하라.

긴 노후에 나날이 변해가는 친구들의 모습을 보는 일은 그리 즐거운 일이 아니다. 톡 프로필에 손자, 손녀 사진을 올려 놓고 노후를 저당 잡히는 이들에게 아직 시간이 많이 남았다. "쫌 이기적으로 살아라."라고 지청구를 날린다.

『미래를 향한 스무 걸음』의 저자 호르헤 부카이는 정신과 의사요 작가로서 유독 자기 자신의 삶의 주체가 되라고 권유한다.

"당신이 마음속에 생각하는 것은 당신의 책임이다. 나는 세상이 경쟁하는 곳이 아니라 함께하는 곳으로 믿고 있으며 그렇기에 함께하기 위한 필요조건은 누구나 자기 자신을 들여다보는 것이다."

그러면 이렇게 설계하자…. 나는 지금 어디에 서 있는지 관찰하고 어디로 갈지 목표보다 방향을 세워보자. 그리고 그 길을 어떻게 걸을지 하루의 루틴으로 설계하자.

2) 세상과 허그하고 상상과 리그하라.

진정 그대가 삶의 프로가 되기 위해서는 세상을 밀어내지 말고 끌어안아야 한다.

어차피 세상은 불완전하지만 그 불안전한 것을 이해하고 발전할 때 비로소 성장한다. 비판만 하는 사람은 결코 현실을 못 바꾸지만 포용하는 사람은 현실을 바꾼다. 더불어 좋은 아이디어는 공감하는 자들의 연합이다. 결국 상상은 혼자의 꿈이 아니라 함께 만들어 가는 시나리오다.

3) 이기는 협상으로 퍼스널 브랜드 지키기

아인슈타인이 미국 프린스턴대 교수직을 제안받을 때 자신의 연봉을 3,000달러 기준으로 제안하였는데 그는 미국 대학의 평균 연봉이 7,000달러인 줄 몰랐다고 한다.

이때 프린스턴대 플렉스너 원장은 "천재 아인슈타인의 마음을 얻는 것이 더 중요하다.”라며 객관적 가치보다 상징적, 심리적 가치를 중시해 1만 달러를 제시하였다. 이후 아인슈타인은 하버드나 예일대의 파격적인 스카웃 제안에도 불구하고 자신의 가치와 퍼스널브랜드를 지켜준 프린스턴대를 위하여 기념비적인 연구 성과를 만들었고 평생을 봉직했다. 이기는 협상은 논리보다 상대방의 관계나 감정이 우선한다는 사실.

4) 인사이트 코칭, 통찰력으로 마켓맥잡기

나의 주특기는 ‘즉문즉답’이다. 어떤 질문도 질문이 끝나기 전 솔루션이 떠오른다.

따라서 강의 전 코칭 의뢰가 쇄도한다. 나에게 줌으로 연결된 멤버십 맹마회 멤버들은 3개월마다 여행을 겸해 비즈니스모델에 대한 코칭을 받으며 진주의 ‘맹명관 마케팅 아카데미 최고위 과정’의 수강생도 강의 전 비즈니스의 속내를 펼친다. 한마디로 인사이트 코칭은 단순한 조언이 아니라 상대가 스스로 ‘통찰’을 깨닫게 하는 방식이다. 나는 문제의 핵심도 의뢰자가 알며 해법도 그들이 가지고 있다고 생각한다. 단지 필자는 시각 전환과 본인 스스로 던질 질문을 설계해준다. 솔직히 고수는 시장을 분석하지 않고 흐름을 해석함으로 그 흐

　　　　　　　　　　　　　　브랜드는 변해도 마케터는 남는다

름을 볼 수 있는 관점을 의뢰자에게 세워주면 된다. 마지막으로 논리보다는 '감感의 변화'도 인사이트 코칭에서 지적해야 한다.

5) 독수리처럼 멀리 보고 물고기처럼 살피라.

척박한 환경에서 자신만의 영역을 일구어온 세계 유명 상인 온주상인에 대한 책『상술의 귀재 온주상인』의 저자가 된 것은 중국을 이해하는 데 많은 도움이 되었다.

"돈이 있는 곳엔 그들이 있고 그들이 있는 곳엔 돈이 모인다."라는 동양의 유대인, 아니 유대 상인조차 혀를 내둘렀다는 온주상인….

그들은 세계의 어떤 대륙도 물건을 파는 교역소交易所로 치부하고 독수리 날개 치며 날아 오르듯 신천지 개척에 옥석을 가리지 않았다. 심지어 그들의 행동을 "오직 그들에게는 그들이 가야 할 길이 있는 것처럼 행동한다."라고 했을까? 그들은 끊임없이 시장의 흐름에 대해 학습하고 규범뿐 아니라 발전 방향을 모색하며 예리한 안목과 민첩한 실행력으로 시장을 개척했다. 중국 개방 시 등소평은 온주상인에 대해 이렇게 고마움을 표현했다. "발전이야말로 가장 견고한 원리이다. 그런 의미에서 우리는 온주 모험가들에게 감사해야 한다."

6) 내가 플랫폼이다, 내게로 오라.

매주 수요일 저녁이면 진양호가 내려다보이는 아시아레이
크사이드 호텔 골드룸에 CEO들이 모인다. 12주간 서울에서
난다 긴다 하는 유명강사들이 저녁 강의 후 휴가처럼 시간을
쓰고 간다. 지난 2년간 매주 수요일과 목요일은 아예 진주에
서 살다시피 했다. 그들과 얘기하고 위로해주며 상담해주는
일까지… 뭔가 뿌리가 다른 해법, 파워가 다른 전략을 맹명관
마케팅 아카데미 최고위 과정에서 가르쳤다. 진주의 서경방
송과 기업가정신과 관련된 세미나, 서울에 거주하는 CEO와
의 교류 및 협업…. 어느 유명강사가 한마디 제대로 했다. "맹
사부는 이제 플랫폼이 됐네…." 평생 강의 요청에만 응했던
내가 이제 강사를 섭외하고 관리하는 일에 열일 하고 있다.
어서 오라….

7) 생각이 바뀌는 의자를 아십니까?

지금으로부터 10년 전 나는 YTN-TV의 〈생각이 바뀌는 의
자〉에서 프리랜서 박혜진 아나운서와 공동 MC를 보았다. 비
하인드 얘기지만 남양주 가구회사의 전액 지원으로 교양 토
크쇼를 만들게 되었다. 무려 21부작, 대략 40여 명 이상이 방
송에 출연한 것으로 기억된다. 생각해보면 앞선 프로그램이

    브랜드는 변해도 마케터는 남는다

기도 했지만 지적 갈망의 청년들에게 나름 인기가 있었다. 프로그램 소개는 이러했다. "융합적 사고가 기반인 현시대에 맞게 1부 경제경영인, 2부 문화인의 강연을 보고 느낄 수 있으며 전문성과 유쾌함을 함께 가져가는 밸런스 있는 강연쇼"

이 강연쇼에 지금은 TV의 유명인사가 되신 유현준 교수가 '도시는 무엇으로 사는가'를 주제로 강의와 토크를 열었으며, 강연계나 업종별로 리더급의 연사가 강연쇼에서 역량을 발휘해 주었다. 10년 전의 내 모습을 보면 감회가 깊다…. 텔레비전에 내가 나왔으면 했더니ㅋㅋ

8) 위대함은 없다 다만 만들어질 뿐….

어떤 여행자가 한 나라의 매력적인 여행지를 방문했다. 그곳은 뛰어난 정치가, 경제 석학, 예술가 등 전 세계의 뛰어난 리더들을 다수 배출한 곳으로 알려져 있다. 여행가는 담장 밑에 쭈구리고 앉아 햇볕을 쬐고 있는 노인에게 다가가 이렇게 물었다. "이 마을에서는 위대한 인물이 태어난다는데 사실인가요?"

그의 질문에 노인은 정색을 하며 이렇게 말했다. "아니오! 여기서는 아이들만 태어나오." 그렇다, 사람들은 아이로 태어나 리더로 개발된다.

9) 4전5기, 이기려고 일어서는 것이다.

4전5기의 주인공인 홍수환 선수로부터 받은 글로브가 내 서재에 장식품처럼 놓여있다. 그가 얘기한다. "그 경기가 파나마의 카라스키야와의 WBA슈퍼 밴텀급 타이틀 매치였지… 상황은 최악, 1라운드부터 다운 총 4번이나 쓰러졌지. 모두가 패색이 짙었다고 얘기했지… 그런데 일어섰어. 왜 그런지 알아? 이기기 위해 일어섰지. 넘어져도 다시 일어나는 대한민국의 도전정신… 인생도 그래…." 당시 해설의 명대사 "홍수환, 또 일어섭니다. 그는 결코 포기하지 않습니다." 그렇다 인생은 몇 번 넘어졌는가가 아니라 몇 번 다시 일어섰는가로 평가된다. 포기는 김장할 때만 써버려라.

10) 메멘토모리, 예전의 삶을 돌아보다.

메멘토모리는 라틴어로 인간은 언젠가 죽음을 맞이하는 존재임을 잊지 말라는 뜻이다. 로마공화정 시대, 전쟁에서 승리를 거둔 개선장군은 시가행진을 하면서 노예들에게 메멘토 모리를 외치게 했다고 한다. 오늘은 당신이 개선장군이지만 언젠가 전투에서 패배해 죽을 수 있다는 경고를 스스로에게 한 것이다.

「공원묘지를 걷다」라는 시를 읊조린다. 예전의 삶이 부표

    브랜드는 변해도 마케터는 남는다

처럼 떠오른다.

"수많은 무덤이 줄을 지어 가지런히 앉아 있다. / 각 무덤마다 비석 하나, 석상 하나 / 그들의 살림살이는 하나같이 조촐하다 / 그들은 어떤 사람들일까? 어떻게 살아왔을까? / 그들도 아마 사랑하고 미워하겠지 / 바쁘게 쫓기고 화내고 그리워하고 후회하고 그렇게 살아가겠지 / 그들은 얼마나 사랑했을까 / 얼마나 그리워했을까? / 혹은 욕심내어 빼앗기지 않으려고 몸부림치며 살았을까? / 그도 역시 식당에서 밥이 늦게 나온다고 화를 냈을까? / 차가 막힌다고 욕을 했을까? / 많이 소유하기 위해, 성공하기 위하여 밤늦게까지 일했을까? / 자, 이제 남은 것은 무엇인가? / 한 개의 비석 한 개의 이름 하나의 석상 / 이것을 위하여 그는 그토록 수고했는가? / 잠을 설치며 마음을 졸이며 살아왔는가? / 그는 어떤 추억을 남겼는가? / 가족들은 그를 무엇으로 기억할까? / 그는 사람들에게 은총을 주었을까? 아니면 고통을 주었을까? / 동그랗게 채워진 묘지도 있고 평평하게 민 묘지도 있다 / 저 비어있는 묘지의 주인은 지금 어디에 있을까? / 무엇을 하고 있을까? / 염려하고 있을까? 분노하고 있을까? / 그는 자신이 오고 있는 것을 알고 있을까? / 석산 위에 놓여있는 아름다운 꽃다발 / 그는 고인의 누구였을까? 그는 고인으로부터 무엇을 추억할까? / 그는 슬퍼했을까? 울었을까, 후회했을까? / 그들은 지금 어디 있는가? / 그들이 아끼고 사랑하는 육신은 여기 있으나 그들의 영혼은 어디서 무엇을 하는가? / 이제 나는 내 삶의 자리로 다시 돌아온다 / 내 차례가 올 때까지 조금 더 이 길을 걸어야 하리라 / 내 차례가 올 때까지 조금 더 이 길을 걸어야 하리라 / 더 정결하고 더 사랑하고 더 축복하며 조금 더 이 길을 걸어야 하리라 / 나의 떠남이 사람들에게 영감의 시간이 되며 소망과 그리움의 시간이 될수록 조금 더 걸어가야 하리라. / 행복한 죽음, 후회 없는 안식을 위하여 후회 없는 이별을 위하여 / 오늘도 사랑의 길을 가야 하리라."

이 시어 안에 내 지난 삶이 투영되어 있다.

 브랜드는 변해도 마케터는 남는다

최고 경영자 예수,
삶과 마케팅이 만나다

마케터로서 롤모델을 들라 하면 나는 주저
없이 예수님을 들겠다. 실제로 마케팅 해
법이 난해할 때는 속으로 이런 질문을 던
진다. "예수님이라면 어떻게 하셨을까?" 필
자가 광고계에 있을 때 비록 번역본이었지
만 눈길을 끄는 책 한 권이 있었다. 미국 유
명 광고인 브루스 바튼Bruce Barton이 쓴 『예
수, 영원한 광고인The Man Know's A Discovery
of the Real Jesus』으로 책을 쓴 동기가 "누구나
알고 있는 사나이 예수의 실상을 아무도 잘
모르고 있기에 그 진수를 알려주기 위해서"
라며 부제목을 "아무도 모르는 사나이"로

정했다고 설명해 주었다. 단지 안다는 차원이 아니라 그가 살았던 공생애(세례를 받은 후부터 십자가에 달리기까지 약 3년간 공적으로 활동한 삶의 시기)를 살펴보면 놀랍게도 마케팅 이론과 접목되는 것이 너무 많다.

1) 권한위임mpowerment

목적은 효율성 증대와 책임감 강화였다. 예수는 권한을 행사할 준비가 되기 전에 그의 이름으로 행사할 권한을 주었다. 제자들을 전도 여행에 보내면서 이렇게 말한다. "병든 사람을 고치고 죽은 사람을 살리고 문둥병 환자를 깨끗이 하며 귀신을 내쫓아라. 너희가 거저 받았으니 거저 주어라." 이렇게 자신의 권한을 이양하고 더 나아가 그들을 단순한 일꾼이 아니라 그 일을 수행해야 할 주체로 보고 무엇을 입으며 누구에게 말할 것인지 세세하게 지침을 준다. 우리가 흔히 말하는 내부 마케팅, 즉 진정한 만족은 조직 내부의 만족에서 온다는 사실을 일깨워준다.

2) 평생 가치價値

예수는 치유로, 설교로, 청중에게 깊은 감동과 신뢰를 주었다고 한다. 특히 예수의 평생 가치는 이전에 들어보지 못한 기쁜 소식이었는데 마케터들이 종종 사용하는 고객 생애 가치가 여기에 해당한다.

3) 개인화, 1인에 대한 초점

예수는 매일, 시시때때로 피곤함도 잊은 채 청중을 가르치고 그들의 질문에 답했다. 또한 개개인을 상대로 한 사역을 꽤 비중 있게 다루었다. 예수는 한 사람, 한 사람을 환대했을 뿐 아니라 마음속 깊은 곳까지 배려하고 섬기는 자세를 잃지 않았다. 어찌 보면 그의 대상은 군중이기보다는 그곳에 모인 개개인의 영혼이었는지도 모른다. 개개인의 삶에 관심을 가져 주고 미래의 청사진을 제시해주는 모습을 연상해 보라! 따져보면 개인화와 맞춤은 그 기원이 엄청 길다는 사실….

4) 회화적인 커뮤니케이터

성경 속에 예수의 설교를 보면 드라마틱하기보다는 유대인의 실생활을 들여다보는 것 같다. 일례로 성경을 찬찬히 들여다보면 맷돌로 곡식을 간 후 발효를 위해 효모를 집어넣는 하인, 가족의 낡은 옷을 깁고 있는 어머니, 포도즙을 가죽 부대에 걸러내는 아버지를 만날 수 있다. 명태와 포도 짜는 기구가 있는 포도원, 목자가 양 떼를 두고 잃은 양을 찾으러 덜리 언덕이나 작은 골짜기를 다니는 모습, 죄인처럼 머리를 조아리고 기도하는 세리, 큰소리로 기도하는 바리새인 등등….

그래서 군중은 그의 설교를 맛있게 들었고 넋이 빠지게 그 속으로 침몰해 들어갔다. 꾸미지도, 포장하지도 말며 색다른 그림을 주려고도 하지 마라. 예수처럼 진정성 있게 다가가기를….

5) 내부조직

예수의 내부조직인 제자들의 상태는 그리 좋아 보이지 않는다. 제자 중 많은 부분을 차지하는 어부와 세리의 부조화는 이 생각을 더욱 명확하게 한다. 깊어가는 갈등은 세리 마태를 제자 삼을 때 바리새인에 의해 제기된다. "당신네 스승은 어째서 세리와 죄인들과 함께 음식을 먹는 것이오?" 그때 예수가 말했다. "튼튼한 이들에게는 의사가 필요하지 않으나 병든 이에게는 필요하다.~ 나는 의인보다 죄인을 부르러 왔노라…."(마태9:9~13)

죄 많은 이, 작은 이, 멸시 대상자들… 예수는 내부조직을 가르쳤고 자기 주위에서 무엇이 진행되었는지 확실히 알게 했다. 아마 존중하고 소통하는 가운데 갈등을 최소화하고 협업을 원활하게 하면 현장에서 만나는 내부조직의 성장으로

     브랜드는 변해도 마케터는 남는다

말미암아 확장될 것이라고 믿었던 것은 아닐까? 후에 예수는 "제자 삼아 가르쳐 지키게 하라."라는 지상명령을 내린다. (마 28:16~20)

6) 스토리텔러Storyteller

예수 앞에 모인 청중들은 깨닫는 능력도, 영적인 체험과 정보에도 무지한 사람들이었다. 그들에게 예수는 딱딱한 교리 문제를 실생활로 풀어내는 탁월한 소통능력을 보였는데 그것은 이야기체의 메시지였다.

그 이야기에는 청중의 행동 변화를 이끌 만한 신비로운 영적 파워가 있었다. 어려운 것을 쉽게 풀어 전달하는 고난도의 기법은 예수가 살아생전 산 위에서 설교했다는 산상수훈에 잘 나타나 있다. "마음이 가난한 사람은 행복하다. 하늘나라가 그들의 것이다. 슬퍼하는 사람은 행복하다. 그들은 위로를 받을 것이다….."(마태복음 5~7장)

여기서 청중을 사로 잡았다는 것은 예수 스스로 청중에 대한 부담과 사명을 가졌다는 사실이다. 예수의 스토리에는 '감동'과 '놀라움'이 배어 있었다. 그는 설교자가 아니라 인간의 이야기를 번역한 스토리텔러였다는 사실. 유능한 마케터는 고객의 입장에서 생각하고 결정하며 삶에 접목하는 이야기꾼이 되어야 한다.

7) 자원資源

예수는 추상적인 것을 가르칠 때 어려운 설명 대신 그 대상물을 직접 보여줌으로써 청중이 스스로 그 의미를 파악하게 했다. 대표적인 예로 제자들이 천국에서는 누가 큰 자냐고 질문했을 때 예수는 그들 앞에 어린아이를 세웠다.

이는 준비됐든 그렇지 않든 예수가 자신의 의지를 표현하기 위해 주어진 자원을 최대한 관리하고 활용했다는 증거이다. 이 방법은 어떤 설명이나 토론을 필요로 하지 않는다. 결론은 그 마음이 어린아이와 같지 않으면 결단코 천국에 들어갈 수 없다는 것이었다. 의식주의 염려에는 "공중에 나는 새를 보라."라는 말로, 부富의 위험성에 대해 "부자가 천국에 들어가기는 낙타가 바늘구멍에 들어가는 것보다 더 어렵다."라는 말로 자신의 뜻을 강조했다.

이렇듯 설교자 예수는 하찮은 들꽃, 돌멩이 하나라도 자신의 메시지 전달을 위한 자원으로 생각했다. 사랑과 봉사를 설명하기 위해 제자의 발을 씻겨준 일은 더 이상 어떤 설명이 필요하겠는가? 결론은 진정성이다. 마케터에게도 순수함이 요구되는 절박한 시기….

내게 성경 속에 나타난 예수의 언어와 행동, 그리고 영적인 호흡은 해석조차 불가한 신성함 그 자체였다. 그 충격을 리더십, 커뮤니케이션, 관계 등으로 나눠 집필한 작품이 1999년 『메시지 전달 혁명』, 2000년『리더 쇼크』, 2003년『예수 CRM』이었다.

유명 마케터가 되기 위한 5가지 퍼즐

별로 유명하지도 않은데 만나는 사람마다 어떻게 하면 마케팅의 정점을 찍을 수 있느냐고 묻는다…. 그들 말에 의하면 개념도 모호하고 이론은 그럴싸한데 실무에 적용하기가 쉽지 않다고 한다.

더욱이 변화와 혁신을 요구하는 시장에서 생존할 방법이 점점 모호해진다고 한다. 어떻게 하면 마케터로서 입지할 수 있을까?

1) 전략적인 사고는 물론 커뮤니케이션 능력이 뛰어나야 한다.

시장의 변화는 말 그대로 예측하기가 쉽

지 않다. 그때그때 대처하기 쉽지 않고 모방하기도 어렵다. 결국 시장 지배력을 확보하기 위해서는 전략적인 사고를 가져야 한다는 것. 이는 예측과 일맥상통하는데『전략적 사고 Choosing The Future』의 저자 스튜어트 웰스Stuart Wells 교수는 "우리에게 무엇이 일어날 것인가? 우리 앞에 어떤 가능성이 있는가? 그리고 우리는 무엇을 해야 하는가에 관한 사고가 전략적 사고"라 하였다.

이를 받아 해석하면 전략적 사고를 하는 사람은 하나의 의사결정이 어떤 결과를 초래할 것인지 미리 예측하고 이를 거꾸로 분석하여 어떤 선택을 할 것인지 결정할 수 있어야 한다. 구성은 어려운 문제/문제 해결/다양한 변수/행동, 실행 등으로 이루어져 있는데 논리적 사고와 창의적 사고를 위한 학습이 필요하다.

더불어 고객, 팀원, 협력사들과의 원활한 소통이 중요한데 특히 마케팅의 중심인 고객과의 커뮤니케이션이 가능한 기본적인 스킬이 필요하다.

2) 창의적이고 분석적이어야 한다.

창의성이란 독창적이고 효과적인 아이디어를 창출할 수 있는 아이디어를 말하는데 이를 창발하기에는 '조사-분석-부화-개발'의 4단계를 거친다.

조사 단계에서는 많은 정보를 수집하고 매력 있는 포인트를 찾아내는 분석을 거쳐 아이디어를 낼 마음의 준비를 통해 다량의 아이디어를 낸다.

이런 상상력과 직관력은 창의적인 아이디어를 발현하여 논리적 사고를 덧입혀 마케팅에 지각변동을 일으킨다. 아울러 분석력이란 데이터를 원하는 목적에 맞게 분석하는 능력을 말하는데 마케터는 시장 트렌드를 분석하고 전략을 세울 수 있어야 하며 숨겨진 고객의 니즈도 탐색해야 한다. (빅데이터)

3) 문제 해결 능력과 미래 대비 능력을 갖춘다.

먼저 문제를 정의하는 것이 옳다. 이렇게 하면 왜 이런 문제가 발생하였는지에 대한 근본 원인을 파악하게 된다. 문제를 체계적으로 분석하고 우선순위를 매기며 여러 대안을 모색하여 최적의 해결책을 찾을 수 있는 것도 주지할 사안이다.

아울러 단순히 현재 상황에 반응하는 것이 아니라 미래의 여러 변수를 예비하고 대비하는 능력도 갖추어야 한다.

4) 네트워크를 형성하여 다양하게 교류하라.

마케팅 업계 전문가들과의 연결은 기회와 정보획득에 큰

     브랜드는 변해도 마케터는 남는다

도움을 받을 수 있다. 온, 오프라인 커뮤니티를 통해 다양한 분야의 사람들과 관심 분야를 공유하다 보면 생각지도 않은 획기적인 아이디어를 얻을 수 있다. 페이스북, 인스타그램, 링크드인 등의 소셜미디어를 이용하면 시공을 넘어 교류의 장을 넓힐 수 있다.

5) 유심히 관찰하고 끈기 있게 도전하라.

우리는 흔히 사물이나 현상을 주의 깊게 조직적으로 파악하는 것을 관찰이라 부른다. 유능한 마케터는 관찰이라는 행동에서 평소 관심을 보이지 않았던 사소한 것들로부터 의미 있는 요소를 발견한다. 어떤 경우에는 그런 것들이 문제를 해결할 수 있는 결정적 단서를 제공해 주기도 한다.

일레로 일렉트로닉스의 '에르고라피도 2 in 1'은 주부들의 청소기 불편사항인 이동 시 불편함과 허리를 굽혀 피곤을 가중시키는 문제를 관찰하여 본체와 분리되는 경량 무선 청소기를 개발하였다. 일희일비하지 않고 다양한 시도를 통해 성과를 만드는 직업정신도 마케터로서의 자질이라 하겠다.

마케터는 어느 하나에 치우치지 않고 폭넓은 관점으로 종합적인 서고를 가져야 한다. 이것은 마치 퍼즐 같아 어느 한 요소가 빠지면 불완전하게 되는 것과 같다.

이야기로 푸는 맹사부 잠언

40년간 치열하게 살았다. 그동안 하고 싶은 말들이 공중으로 사라져 버렸다. 현장은 어느 분야든 분주하고 조금의 여유도 허락하지 않는다.

잠언은 "가르쳐서 훈계하는 말"이거나 "바늘처럼 예리하게 찌르는 말씀"이라는 뜻이다. 위인의 잠언은 아닐지라도 알면 도움되는 지혜 하나 잠언을 빙자하여 투척한다.

1) 이제야 푸는 푸념 한 덩어리-가치는 최고인데 가격은 합리적(?)

명성을 듣고 왔다며 너스레를 떠는 CEO

 브랜드는 변해도 마케터는 남는다

를 자주 만난다… 말하지도 않는데 강의하시는 것을 유튜브로 보았다, 활동하시는 것을 어디어디에서 보았다….

인정심리 업 되어 있을 때 본론을 얘기한다. 문제투성이다. 어디에 손댈지 모르는데….

"부탁합니다." 역시 고수는 다르다며 만나 뵙기 다행이라며 다시 한번 변죽을 울린다… 작업 일자도 촉박한데 소위 컨설팅 비용에 목소리가 잦아진다…. "가격은 합리적으로…" 수포자인 내가 무슨 답을 주어야 할지…. 그날만큼 합리적이라는 단어가 미운 적은 없었다. 지금은 없지만 10,000원을 벌게 해주면 8,000원을 드리겠다고…(큰맘 써서 5,000원 달랬더니…) '차라리 그냥 내가 사업할게.' 하는 말이 입천장까지 울렸는데….

아무 말 않고 합리적으로 쓴 커피를 들이부었다. "알아서 주세요…."(젠장)

2) 아직도 고객이 옳으니?

한 할머니가 구입한 달걀이 상했다며 교환을 요구했지만 직원들은 오히려 그녀를 의심했다. 낙심한 할머니는 "우리 집은 20km나 떨어져 있다네. 내가 거짓말을 하려고 여기까지 왔다는 말인가? 다시는 오지 않겠네."라고 말했다.

이를 목격한 사장은 어떠한 경우라도 고객을 의심하면 안 된다는 생각으로 다음과 같은 규칙을 매장에 걸고 직원들을 교육시켰다.

"규칙1, 고객은 옳다. 규칙2, 고객이 틀렸다고 생각되면 규칙1을 다시 읽어라."

이 회사는 1969년 미국 코네티컷주의 작은 식료품 가게에서 '슈퍼마켓계의 디즈니'라 불렸던 스튜레너드Stu Leonsrd 다이어리스토어이다.

물론 고객의 소리에 귀 기울이고 고객의 변화를 수용해야 하지만 반드시 고객이 옳다는 논리에는 100% 찬성하기가 어렵다. 블랙컨슈머가 늘어가는 요즘, 옳다보다 다르다라고 바꾸면 어떨까?

3) 시행착오 그리고 시행차고

시험과 실패를 거듭하는 가운데 학습이 이루어지는 것을 시행착오라고 한다.

사람들은 종종 실패를 두려워한다. 그럴 때마다 과정이 문제 없다면 괜찮다고 격려한다. "실수를 저지르지 않는 사람은 위에서 시키는 사람이다. 혼다에서 필요치 않다." 하는 일본 혼다 창업정신은 접시 깨는 것을 두려워하기보다 차라리 깨라는 말로 들린다.

세계적인 야구왕 베이비 루스는 1,330번의 스트라이크아웃을 당했지만 714번의 홈런을 날렸고 4년간 청소기 시제품을 만든 다이슨의 실패 횟수는 5,126번이었다.

당신의 시행차고에는 몇 개의 실수가 쌓여있는가?

4) 전략이라는 고장 난 시계

마케터로 일하면서 주술처럼 외웠던 단어는 전술, 전략, 목표이다.

특히 마케터는 전략이라는 알람시계에 눈을 뜨고 전략이라는 자장가에 잠이 든다.

전략이란 무엇일까? 전략의 개념을 '전쟁에서의 승리를 위해 여러 전투를 계획, 조직, 수행하는 방책'이라 하면 시장은 포연이 가득한 전쟁터이고 이를 지휘하는 장군은 CEO이며 목표를 위해 수단과 방법을 가리지 않는 술책이 전략과 전술 아니던가? 전가傳家의 보도寶刀처럼 휘두르는 전략은 과연 날쌘 검인가, 무딘 검인가?

너무 전략, 전략 하다 보니 짝퉁 전략에서 명품 전략을 고르기가 하늘의 별 따기다.

부탁하건대 '전략을 절약하기 바란다. 진정 얼어붙은 시장에 해빙기를 이끌고 바늘 하나 들어설 수 없는 고객의 마음에 떡하니 자리 잡을 수 있는 파워풀한 전략과 재회하기 바란다. 그래도 안 되면 다시 전략을 세워라~

5) 고객의 소리는 어느 귀인가?

유능한 마케터는 아이디어와 콘셉트를 현장에서 듣는다. 이를 위해 최면술사처럼 질문을 던진다. 사람에게는 들리는 소리만 듣는 외이外耳와 들리지 않는 소리까지 듣는 중이中耳, 더 나아가 일부러 들려주지 않는 것까지 듣는 내이內耳가 있다.

마케터나 커뮤니케이터 같은 전문가들이 흔히 사용하는 방법으로는 표적집단 면접법Focus Group Interview이 있는데 이를테면 특정한 주제에 대해 다수의 사람들(6~10명)이 숙련된 진행자가 이끄는 편안한 분위기에서 진솔하게 이야기를 유도해 다양한 아이디어를 수집하는 방법이다.

시장조사에 활용되는 포커스그룹을 통해 소비자 선호도, 새로운 제품 아이디어 테스트, 광고캠페인 평가, 고객만족도 평가, 기존 제품이나 서비스에 대한 피드백을 수집하기도 한다. 이 밖에 설문조사 또는 인터뷰 등의 하이브리드 접근법은 아직도 권장할 만하다.

 브랜드는 변해도 마케터는 남는다

아무리 AI가 그 역할을 대신한다고 하지만 사람의 속내를 알아내는 데는 대면對面이 최고다.

6) 핵심을 말해주세요

다시 재차 말한다… "그러니까 거두절미하고 핵심을 말해주세요."

그러나 상대는 핵심을 말한다 하면서도 핵심이라는 단어를 모르는 눈치다.

그에게는 어느 것 하나 깨물어도 안 아플 제품이니 핵심이 어디 있고 변두리는 어디 있겠는가? 핵심으로부터 나오는 콘셉트를 통해 이야기를 만들어 내고 문제를 해결할 실마리를 찾을 수 있는데 난감 100%….

"글쎄, 핵심부터 얘기하자니까요…."

"…"

"원래 핵심이 없었나?"

고구마 100개 먹은 기분….

7) 가젤과 사자가 달려야 되는 생존생태계

아프리카에서는 매일 가젤이 잠에서 깬다. 가젤은 가장 빠른 사자보다 더 빨리 달리지 않으면 죽는다는 사실을 알고 있다. 그래서 그는 온 힘을 다해서 달린다.

아프리카에서는 매일 아침 사자가 잠에서 깬다. 사자는 가젤을 앞지르지 못하면 굶어 죽는다는 사실을 알고 있다. 그래서 그는 온 힘을 다해 달린다.

사자든 가젤이든 마찬가지로 해가 뜨면 달려야 한다. 이것이 생존을 위한 생태계 법칙이다.

8) 독실한 신도와 팬덤 마케팅

우리는 종종 연예인들의 팬덤을 본다. 이들은 어떤 대가도 바라지 않고 이성적 논리보다 감성에 치우친 특징이 있다. 팬덤 같은 브랜드나 마케팅이 존재한다면….

비전과 가치를 공유하며 이에 공감하는 열정적인 소비자는 자발적으로 브랜드 활동에 참여하고 브랜드의 장점을 입소문을 내어 자신들의 문화를 만들어 낸다.

이들은 집단으로 영향력을 형성해 브랜드를 대변하고 중요 이슈마다 목소리를 낸다.

몇 년 전 영국 BBC방송 다큐멘터리 시리즈인 '슈퍼브랜드의 비밀'에서 애플 팬들의 뇌를 MRI로 스캔한 결과 애플 기기를 보여주었을 때 뇌의 특정 부위가 밝아지는 현상이 나타났다. 이는 독실한 신도들에게 신과 관련된 콘텐츠를 제시하였

　　　　　　　　　브랜드는 변해도 마케터는 남는다

을 때 뇌가 반응하는 현상과 유사하게 나타났다는 것….

세계 1위 패스트푸드 체인 맥도날드가 고객들의 구매 내역이 담긴 영수증을 개인 맞춤형 굿즈로 탈바꿈한 사례도 팬덤 마케팅의 실체이다.

9) 어떻게 고객이 기업을 해고할 수 있는가?

『스타벅스 웨이』에는 조용히 떠나가는 고객에 대한 얘기가 있다.

"고객이 불편을 말할 수 있는 창구를 적극적으로 열어두어야 한다. 그렇지 않으면 대부분의 샤이 고객은 불편을 말해주지 않고 조용히 떠나간다."

여기서 한 걸음 더 나아가 고객이 기업을 해고한다면?? 어떤 상황이 벌어졌을 때 고객이 해고라는 반응을 하는지….

첫째, 고객은 자신이 불만을 토로했을 때 기업이 신속하게 응대해 주길 바란다.

이를 위해 노드스트롬 백화점의 직원처럼 의사결정권을 위임해주어야 한다.

둘째, 고객은 자신의 불만을 기업이 확실하게 처리해 주길 원한다.

종종 문제 해결 과정에서 회사의 다양한 부서가 함께 참여하는 경우가 있는데 이때 부서 이기주의로 인해 고객을 탁구공처럼 취급하거나 해결해야 할 문제를 간과해 버릴 위험이 있다.

셋째, 고객은 자신들의 상향 욕구를 기업이 모두 들어주길 바란다.

다양성을 추구하거나 사용하고 있는 제품을 보다 고급제품으로 교체하고 싶어 하는 고객에게 기업이 다양한 선택의 기회를 제공하지 못한다면 아무리 충성도가 높은 고객이라도 자신이 원하는 제품을 제공하는 경쟁사로 떠나게 될 것이다.

기업은 진정으로 고객을 이해하고 고객의 목소리에 귀 기울여야 하며 아울러 고객에게 항상 배우며 그들이 원하는 가치를 신속하게 제공할 수 있어야 한다. 그래서 고객보다 기업이 해야 할 일이 많다.

10) 다운그레이드

카카오톡을 업그레이드한 소비자들은 이전 버전으로 돌아가는 '다운그레이드'를 한다. 인터넷에는 업데이트를 막고, 카카오톡 이전 버전으로 되돌리기, 복구, 취소 방법이 엄청나게 올라와 있다.

UIUser Interface 불편, 버그(bug: 시스템 오작동), 호환성 문제 등 카카오톡의 업그레이드는 카카오톡의 리스크요, 흑역사가 되었다. 문제는 저장공간 부족에다 네트워크 불안정, 앱 캐시 및 데이터 문제, 운영체제 호환성 문제, 앱스토어 오류 등 한마디로 총체적 난국亂局을 불러일으켰다.

브랜드는
변해도
마케터는
남는다

1판 1쇄 펴낸날 2025년 12월 26일

지은이 맹명관

펴낸이 나성원
펴낸곳 나비의활주로

책임편집 김정웅
디자인 BIG WAVE

전자우편 butterflyrun@naver.com
출판등록 제2010-000138호
상표등록 제40-1362154호
ISBN 979-11-93110-90-4 03320